AF545743

Matthias Thomes

AUTOFREIE RADROUTEN

WESTFALEN UND ÖSTLICHES RUHRGEBIET

Unterwegs auf Uferwegen und ehemaligen Bahntrassen

Bibliografische Information der Deutschen Nationalbibliothek
Die Deutsche Nationalbibliothek verzeichnet diese Publikation in der Deutschen Nationalbibliografie; detaillierte bibliografische Daten sind im Internet über http://dnb.dnb.de abrufbar.

IMPRESSUM

1. Auflage Mai 2021
Satz und Gestaltung: Joachim Bartels
Redaktionelle Mitarbeit: Leon Thomes
Umschlagfoto: Adobe Stock: © ARochau
Umschlaggestaltung: Joachim Bartels
Übersichtskarte: TUBS_CC BY-SA 3.0
Karten Inhalt: OpenstreetMaps
Druck und Bindung: AALEXX Druck Produktion, Thönser Str. 5a, 30938 Großburgwedel

ISBN 978-3-8375-2375-1

KLARTEXT

Jakob Funke Medien Beteiligungs GmbH & Co. KG
Jakob-Funke-Platz 1, 45127 Essen
info.klartext@funkemedien.de
www.klartext-verlag.de

DIESES BUCH …

… enthält Radrouten, die zu mindestens 75% autofrei sind.

… empfiehlt Strecken an Flussufern und über ehemalige Bahntrassen – ein Verfahren ist also fast unmöglich.

… verbindet Radfahren mit Bahnfahren: Am Anfang und Ende jeder Tour ist stets ein Bahnhof.

Um die Karten übersichtlich zu halten, haben wir nur die Straßennamen aufgenommen, die für die jeweilige Tour relevant sind.

Bitte beachten Sie die unterschiedlichen Maßstäbe der Karten.

INHALT

Die Idee

Mit dem Rad ins Grüne, abseits vom großen Verkehr in einer fahrradfreundlichen Landschaft die Freizeit und die Natur genießen! Über 13.000 km Radwege durchziehen NRW. Aber viele Wege verlaufen parallel zu Land- und Bundesstraßen. Stinkende Lkws, laute Motorräder und rasende Pkws brettern neben den radelnden Ausflüglern. Wir haben für dieses Buch Strecken herausgesucht, die weitestgehend frei von Verkehrslärm sind, vorzugsweise über alte Bahntrassen und Uferwege an Flüssen und Kanälen führen und für ein entspanntes Radeln sorgen.

Immer autofrei

Das ist leider nicht immer möglich – NRW ist ja keine Prärie, sondern in weiten Teilen die am dichtesten besiedelte Region Deutschlands. Ehe Sie vom Bahnhof aus eine autofreie Strecke erreichen, müssen Sie zunächst öfter durch bebautes Gebiet. Auch unterwegs gibt es Teilstücke, auf denen geringer Autoverkehr möglich ist. Deshalb sind die Radstrecken verschieden markiert:

- Grüne Strecken: Verkehrsverbot für Kraftfahrzeuge

- Rote Strecken: Hier handelt es sich in der Regel um verkehrsarme Wirtschaftswege. Viel befahrene Straßen sind die ganz große Ausnahme.

Alle Strecken sind zu mindestens 75% autofrei!

Dieses Buch ist so konzipiert, dass Sie es in mehrfacher Hinsicht nutzen können. Die Touren umfassen meist eine Distanz von 20 bis 40 Kilometern und haben selten Steigungen. Diese Strecken sind also ohne weiteres für einen ungeübten Radler zu bewältigen. Mit den verdienten Pausen (Gaststätten mit Biergarten und Rastplätze mit Tischen sind extra in den Karten markiert) und der Besichtigung von Sehenswürdigkeiten (entsprechende Infos und Daten bei der Routenbeschreibung) ist so ein ganztägiger Ausflug gut gefüllt. Insofern bieten sich die Touren auch für Interessierte an, die eine Radwanderung für einen Freundeskreis organisieren möchten. In diesem Buch finden Sie dafür ein komplettes Programm.

Wer Kondition hat für längere Strecken, kann Touren kombinieren. Bei

Die Mitnahme des Fahrrads ist längst kein Problem mehr.

den meisten Touren finden sich Hinweise auf direkte Anschlusstouren. Von Bad Bentheim über Rheine nach Dortmund kämen beispielsweise sogar 190 km zusammen, also sogar eine mögliche Mehrtagestour.

Die Routen sind zudem familienfreundlich, weil sie weitestgehend autofrei sind. So brauchen Sie als Eltern nicht dauernd auf ihre radelnden Nachkommen aufpassen. Alle Touren sind mit der Bahn zu erreichen. Sie können also vom nächsten Bahnhof an Ihrem Heimatort aus alle 30 Touren mal abfahren und müssen sich keine Gedanken über den Fahrradtransport machen.

Fahren mit der Bahn

Mittlerweile ist die Anzahl der Verkehrsverbünde in NRW auf vier geschrumpft. Die Verkehrsverbünde bieten relativ günstige Tageskarte für mehrere Personen an. Seit 1.1.2021 gibt es für alle vier Verkehrsverbünde für die Abonnenten das sogenannte „EinfachWeiterTicket", mit dem man günstig von einem Verkehrsverbund in einen anderen fahren kann. Bei ABO Kunden ist meist die Mitnahme eines Fahrrades inbegriffen. Ansonsten ist für so eine Reise eine Fahrkarte der Deutschen Bahn notwendig (z. B. „Schöner Tag Ticket")

Informationen zur Fahrradmitnahme, zu NRW-Tickets und zu den NRW-Verkehrsverbünden:
www.mobil.nrw, Tel.: 0180 6 504030

Verkehrsverbund Rhein-Ruhr (VRR)
www.vrr.de

www.westfalentarif.de
mit den Teilräumen Verkehrs-Verbund OstWestfalenLippe (VVOWL), Verkehrsgemeinschaft Münsterland (VGM) Verkehrsgemeinschaft Ruhr-Lippe (VRL)

**Viel Spaß,
genießen Sie die Touren!**

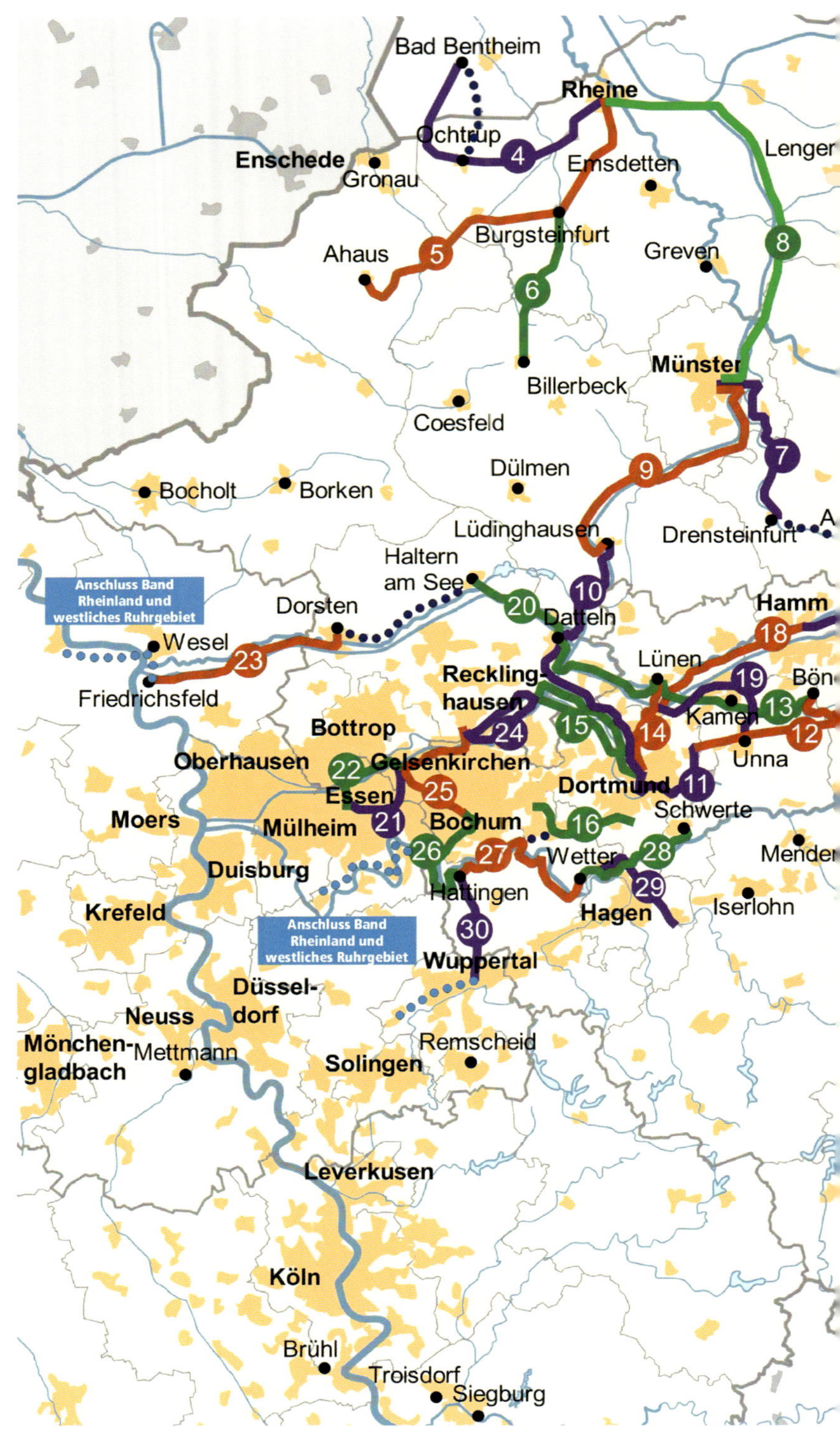

Bad Bentheim
Rheine
Ochtrup
Enschede
Gronau
Emsdetten
Lenger
Burgsteinfurt
Ahaus
Greven
Münster
Billerbeck
Coesfeld
Dülmen
Bocholt
Borken
Lüdinghausen
Drensteinfurt
Haltern am See
Anschluss Band Rheinland und westliches Ruhrgebiet
Dorsten
Datteln
Hamm
Wesel
Friedrichsfeld
Lünen
Reckling-hausen
Kamen
Bottrop
Unna
Oberhausen
Gelsenkirchen
Dortmund
Essen
Schwerte
Moers
Mülheim
Bochum
Wetter
Menden
Duisburg
Hattingen
Hagen
Iserlohn
Krefeld
Anschluss Band Rheinland und westliches Ruhrgebiet
Wuppertal
Düssel-dorf
Neuss
Mönchen-gladbach
Mettmann
Remscheid
Solingen
Leverkusen
Köln
Brühl
Troisdorf
Siegburg
4 5 6 7 8 9 10 11 12 13 14 15 16 18 19 20 21 22 23 24 25 26 27 28 29 30

Alle Touren auf einen Blick

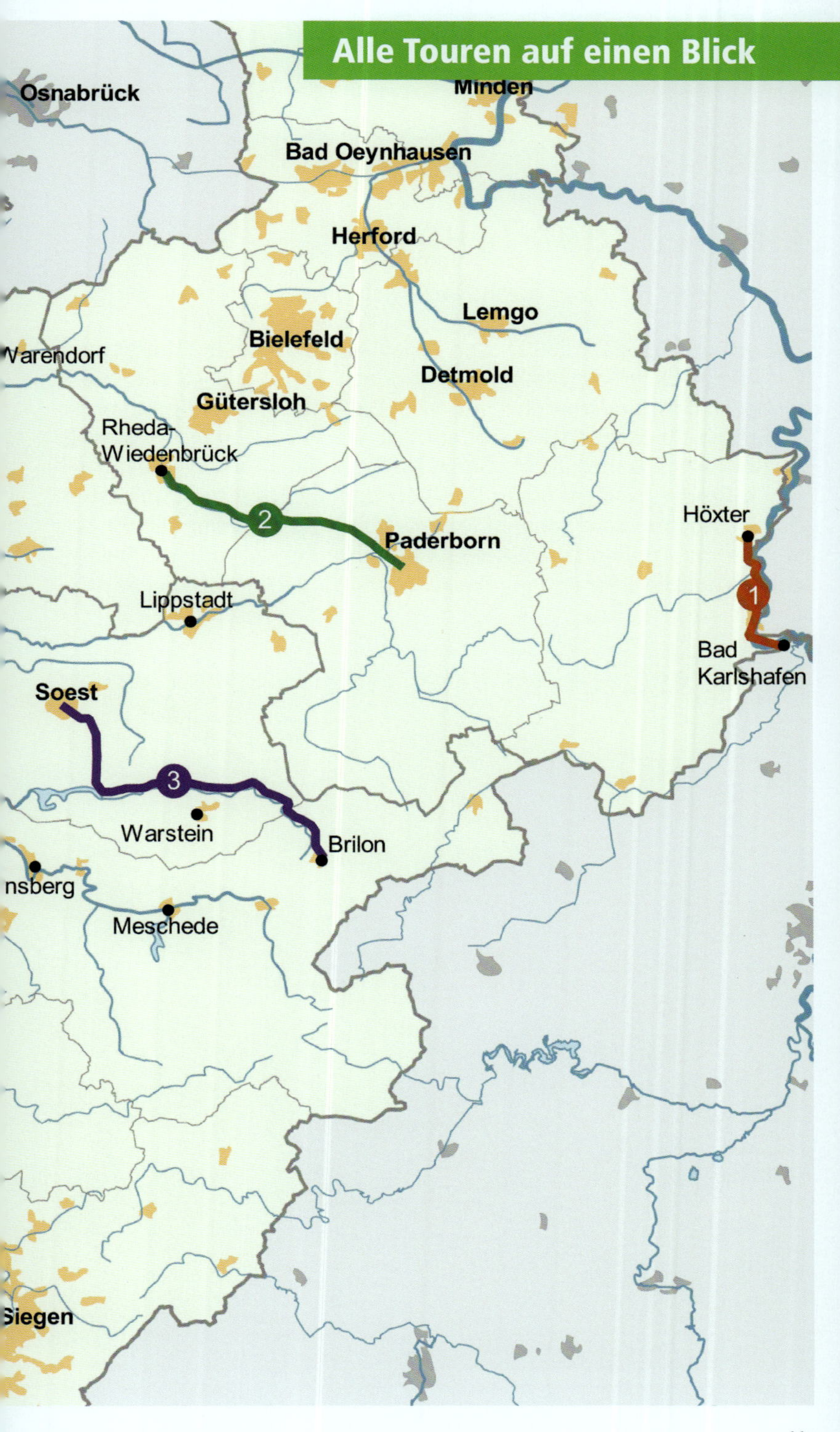

Tour 1

28 km

leicht

VVOWL

Drei-Länder-Tour

Von Höxter Rathaus nach Bad Karlshafen

Diese Tour verläuft im äußersten Osten von NRW, wo die Weser eine natürliche Grenze nach Niedersachsen bildet. Sie führt durch drei Bundesländer. In dem landschaftlich reizvollen Wesertal können Sie sich nicht verfahren. Sie folgen der Weser auf dem linksseitigen Weser-Radweg flussaufwärts. Dabei starten Sie in NRW, fahren an der niedersächsischen Landesgrenze entlang und beenden die Tour im nördlichsten Ort von Hessen. Vom Bahnhof Höxter sollten Sie unbedingt einen Abstecher zum nahen UNESCO-Weltkulturerbe Corvey unternehmen – einfach am Flussufer entlang flussabwärts (ca. 3 km), nach der Besichtigung wieder zurück.

Historische Fachwerkhäuser in der Altstadt von Höxter

1 Höxter

Die östlichste Stadt in NRW liegt direkt an der Weser. Der Stadtkern besitzt noch seine mittelalterliche Struktur und ist von zahlreichen Fachwerkhäusern geprägt. Unter ihnen finden sich einige im Stil der Weserrenaissance, die sich u. a. durch repräsentative Ausschmückung der Fassaden auszeichnen. Wahrzeichen der Stadt ist die romanische St.-Kiliani-Kirche.

Forum Jacob Pins

Westerbachstr. 35-37
37671 Höxter
In einem ehemaligen Adelshof ist eine Ausstellung des jüdischen Künstlers Jacob Pins untergebracht, der einen großen Teil seiner Werke als Geste der Versöhnung seiner Geburtsstadt hinterlassen hat. Zugleich gibt es hier die Gelegenheit, etwas von der damaligen Wohnkultur zu erfahren. Die Bausubstanz des denkmalgeschützten Gebäudes stammt größtenteils aus dem 16. und 17. Jh.
April-Nov.,
Di-So von 10-17 Uhr
2,50–3,50 Euro
Tel.: 05271-6947441
www.jacob-pins.de

2 UNESCO-Weltkulturerbe Corvey

37671 Höxter
Die Geschichte des Schlosses beginnt 822 mit der Gründung einer Benediktinerabtei, die der Missionierung der Sachsen diente. Aus dieser karolingischen Zeit ist noch das Westwerk erhalten sowie seltene Wandmalereien. Das später entstandene Schloss im barocken Stil hat eine stattliche Frontbreite von über 100 Metern. Das Schloss ist von der Fürstenfamilie bewohnt, kann aber teilweise besichtigt werden. Große geschichtliche Bedeutung besitzt die Fürstliche Bibliothek mit ihren 70.000 Bänden. Hoffmann von Fallersleben (Verfasser der deutschen Nationalhymne) arbeitete hier als Bibliothekar, sein Grab befindet sich im Schlosspark. Ein paar Hundert Meter entfernt liegt das frei zugängliche Bodendenkmal Tom Roden (Reste einer Kapelle aus dem Mittelalter).
tägl. 10-18 Uhr
6,50-10,50 Euro
Tel.: 05271-68168
www.schloss-corvey.de

Schloss Corvey, Innenansicht der Klosterkirche

Die historische Anlage des UNESCO-Weltkulturerbe Corvey

3 Schloss Fürstenberg

Meinbrexener Straße 2
37699 Fürstenberg
Heimat des gleichnamigen berühmten Porzellans. Das Schloss liegt von Weitem sichtbar auf einem Berg am anderen Flussufer und ist von der Route nur über einen Umweg zu erreichen: entweder die Fähre in Wehrden benutzen oder die Weserbrücke in Beverungen.
Museum im Schloss
öffentliche Führungen Di-So 10-17 Uhr
5,50-8,50 Euro
Tel.: 05271-96677810
www.fuerstenberg-schloss.com

Weserfähre Herstelle/Würgassen, Beverungen

4 Beverungen

Von der mittelalterlichen Burg ist noch der Wohnturm erhalten. Im gegenüberliegenden Ort Lauenförde befindet sich ein privates Museum über die Entwicklung modernen Möbeldesigns – benannt nach einem Freischwingerstuhl.

Kragstuhlmuseum
Sohnreystraße 10
37697 Lauenförde
März-Nov. (sonst nur samstags),
Fr 10-12 u. 14-17 Uhr,
Sa 10-14 Uhr
4-5 Euro
Tel.: 05273-65477492
www.tecta.de/kragstuhlmuseum

5 Bad Karlshafen

Die Entstehung dieser Stadt am Dreiländereck hat mit der Geschichte Frankreichs zu tun. Dort wurden Ende des 17. Jh. die Hugenotten (Protestanten) verfolgt und verließen in großen Scharen ihr Land. 50.000 von ihnen fanden in den damaligen deutschen Kleinstaaten eine neue Heimat, die vom Dreißigjährigen Krieg ausgeblutet waren. Bad

Ehemaliges Packhaus („Altes Rathaus“) in Bad Karlshafen

Karlshafen im äußersten Norden der Grafschaft Hessen-Kassel wurde extra als Exilantenstadt gegründet. Die barocke Idealstadt an den Hannoverschen Klippen stellt in seiner architektonischen Geschlossenheit etwas Einzigartiges da. Nach der Entdeckung von Solequellen (1730) entwickelte sich der Ort zu einer Kurstadt (Weser-Therme).

Cevennenstube im Deutschen Hugenottenmuseum

Deutsches Hugenottenmuseum
Hafenplatz 9a
34385 Bad Karlshafen
Ausstellung zur Geschichte der französischen Protestanten und ihrem früheren Leben in Frankreich.
Mitte März-Okt., Di-Fr 10-17 Uhr, Sa/So 11-18 Uhr, Nov.-Mitte März, Mo-Fr 9-12 Uhr
2,50-4,50 Euro
Tel.: 05672-1410
www.hugenottenmuseum.de

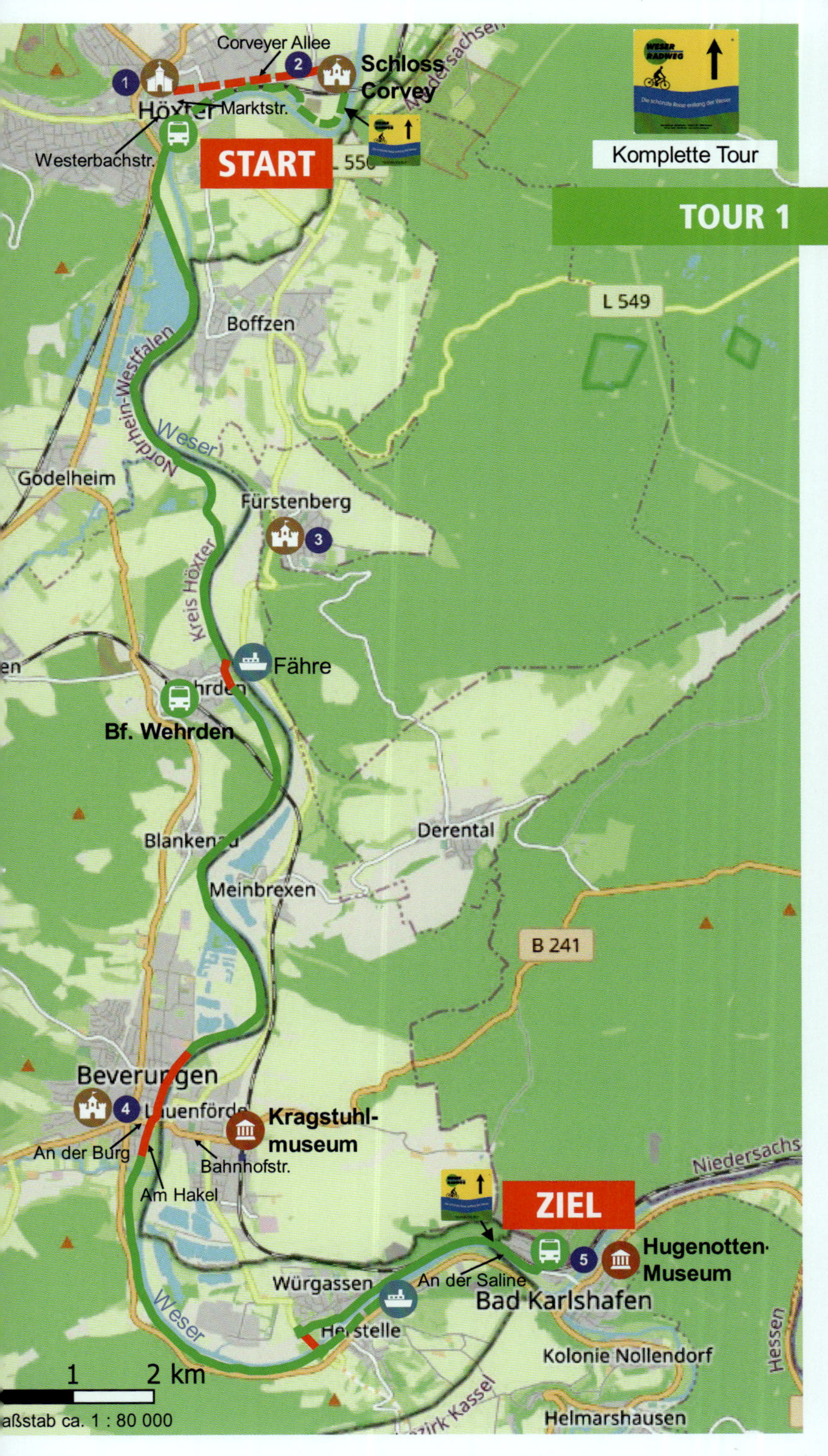

Corveyer Allee
Schloss Corvey
Höxter
Marktstr.
Westerbachstr.
START
L 550
Komplette Tour
TOUR 1
L 549
Boffzen
Nordrhein-Westfalen
Weser
Godelheim
Fürstenberg
Kreis Höxter
Fähre
Bf. Wehrden
Blankenau
Derental
Meinbrexen
B 241
Beverungen
Lauenförde
Kragstuhl-
museum
An der Burg
Bahnhofstr.
Am Hakel
ZIEL
Niedersachs
Hugenotten-
Museum
Würgassen
An der Saline
Bad Karlshafen
Herstelle
Weser
Kolonie Nollendorf
Hessen
Helmarshausen
1
2 km
aßstab ca. 1 : 80 000

TOUR 2

43 km

leicht

VVOWL

Durch das Paderborner Land

Von Rheda-Wiedenbrück nach Paderborn Hbf

Noch in den 1950er Jahren rauschte der Senneblitz von Wiedenbrück zum Sennelager (Stadtteil von Paderborn). 1990 wurde auch der Güterverkehr auf der Strecke eingestellt. Heute ist der größere Teil der Trasse mit dem Rad zu befahren. Teilweise begleiten Sie die Schilder der LandesGartenschauRoute. Diese Tour führt durch drei Landesgärten (1988 Rheda-Wiedenbrück, 1994 Paderborn, 2008 Rietberg). In Paderborn folgen Sie dann zunächst den Schildern Richtung Schloss und ab da über den Stadtring bis zur Bahnhofstraße.

Schloss Rheda

1 Rheda-Wiedenbrück

Durch die kommunale Neugliederung 1970 wurden zwei etwa gleich große Städte vereint, die jahrhundertelang trotz der räumlichen Nähe (3 km) eine unterschiedliche Geschichte prägte. Die Doppelstadt besitzt gleich zwei Altstädte. In Rheda dominieren einfache Fachwerkhäuser. Sehenswert ist Schloss Rheda. Mit einem harmonischeren Stadtbild (200 denkmalgeschützte Bauten) präsentiert sich Wiedenbrück. An den Fachwerkhäusern, vor allem in der Langen Straße, sind zum Teil wunderschöne Schnitzereien zu entdecken.

Schloss Rheda

Steinweg 16

33378 Rheda-Wiedenbrück

Das Wasserschloss ist Wohnsitz der Fürstenfamilie und teilweise als Museum zugänglich. Im Sommer finden Führungen statt; ansonsten nur Gruppenführungen nach Anmeldung. Angeschlossen sind ein Café und ein Kutschenmuseum.
Offene Führungen im Sommer 6-12 Euro, sonst nur Gruppenführung
Tel.: 05242-947125
www.schloss-rheda.de

Leinewebermuseum

Kleine Straße 11
33378 Rheda-Wiedenbrück
Privates Museum über Flachsverarbeitung und Trachten.
Di-Fr 10-12 Uhr u. 14-18 Uhr,
Sa/So 10-18 Uhr
0,51 Euro, Kinder 0,30 Euro
Tel.: 05242-47335
www.leinewebermuseum-rheda.de

Historisches Rathaus von Rietberg

2 Rietberg

Rietberg war vor der Besetzung unter Napoleon eine eigenständige Grafschaft. Innerhalb des Walls sind die mittelalterlichen Strukturen noch gut zu erkennen. Fachwerk-Dielenhäuser prägen die Altstadt.

Kunsthaus und Klostergarten

Emsstraße 10
33397 Rietberg
Museum mit Werken von Wilfried Koch (*1929), einem Künstler, der in Rietberg lebt. Im Klostergarten sind seine Skulpturen ausgestellt.
Mo/Di 8.30-12.30 u. 14.30-16.30/ 17 Uhr, So 10-12 Uhr
frei
Tel.: 05244-9860
www.rietberg.de/tourismus/ kunsthaus-klostergarten

3 Tierpark Nadermann

Grafhörsterweg 5
33129 Delbrück-Schöning
Privater Tierpark mit 600 Tieren aus 100 Arten, seit 1967 in Familienbesitz. Viele exotische Raubtiere, außerdem Affen, Kamele und Greifvögel.
März/Okt. 9-18 Uhr, April-Sept. 9-19 Uhr, Nov. 9-17 Uhr
4-7 Euro
Tel.: 05244-5163 oder 902930
www.tierpark-nadermann.de

INFO: 
Hinter dem Tierpark führt diese Tour weiter über LandesGartenSchau-Route

4 Delbrück

Bereits im Jahr 9 n. Chr. soll hier ein Legionslager der Römer gewesen sein, das im Zusammenhang mit der Schlacht im Teutoburger Wald aufgelöst wurde. Wahrzeichen der Stadt ist der schiefe Kirchturm der Pfarrkirche, um ihn herum besteht eine fast komplett geschlossene Kirchringbebauung mit Fachwerkhäusern aus dem 17. bis 19. Jh.

5 Lippesee

Vor den Toren Paderborns liegt der 100 Hektar große Lippesee. Interessanterweise handelt es sich um einen Stausee, den man hier in der eher ebenen Landschaft nicht vermutet hätte (Staumauerhöhe 5 m). Im nahen Umkreis gibt es weitere Gewässer, weil in dieser Region hochwertige Kiese abgebaut werden. Der Lippesee bietet sich für eine genüssliche Pause an. Bis zum Ziel sind es noch 8 km.
www.lippe-see-freizeitanlagen.de

6 Schloss Neuhaus

Im Schloßpark 10
33104 Paderborn
Ein reizvolles Wasserschloss – ehemals als fürstbischöfliche Residenz genutzt. Der sehenswerte Barockgarten wurde nach einem

Schloss Neuhaus, ein bedeutendes Bauwerk der Weserrenaissance

Originalplan aus dem 18. Jh. neu angelegt. Am Schloss liegt der 42 ha große Schloss- und Auenpark (Landesgartenschau von 1994) mit zahlreichen Freizeitmöglichkeiten (Eintritt frei, Radfahren erlaubt) und mehreren Museen.
Tel.: 05254-8811092
www.schlosspark-paderborn.de

Der Innenhof von Schloss Neuhaus

Naturkundemuseum
und Historisches Museum
Im Schloßpark 9
33104 Paderborn
Landschaften mit präparierten Lebewesen und Dokumente zur Entwicklung der Region von der Steinzeit bis in die Gegenwart.
Di-So 10-18 Uhr
2-2,50 Euro
Tel.: 05251-881052

7 Heinz Nixdorf Museums Forum (HNF)

Fürstenallee 7
33102 Paderborn
Das HNF ist das größte Computermuseum der Welt und präsentiert auf einer Ausstellungsfläche von 6.000 qm die spannende Weltgeschichte der Informationstechnik.
Di-Fr 9-18 Uhr, Sa/So 10-18 Uhr
5-8 Euro
Tel.: 05251-306600
www.hnf.de

8 Paderborn

Wie der Name andeutet, entspringt mitten in der Stadt aus 200 Quellen der mit 4 km kürzeste Fluss Deutschlands, die Pader. Die Universitätsstadt (seit 1614) besaß bereits im Hochmittelalter eine große Bedeutung. Karl der Große hielt 777 hier den ersten Reichstag ab. 799 wurde das gleichnamige Bistum gegründet. Besonders sehenswert sind der romanisch-gotische Dom und das barocke Rathaus (im Stil der Weserrenaissance).

Museum in der Kaiserpfalz

Am Ikenberg
33098 Paderborn
1964 fand man in unmittelbarer Nähe des Doms die Grundmauern der Pfalzanlage Karls des Großen, kurz darauf das Mauerwerk der Pfalz, die Heinrich II. im 11. Jh. bauen ließ. Die Burganlage wurde rekonstruiert und ist heute ein Museum (Dauerausstellung und Sonderausstellungen) und Veranstaltungsort.

Di-So 10-18 Uhr
4-8 Euro
Tel.: 05251-105110
www.kaiserpfalz-paderborn.de

Paderquellen

Die größten Flussarme der Pader entspringen in sechs ummauerten Becken. Westlich, unterhalb des Paderbergs: die Dammpader, die Warme Pader (rund 6 °C wärmer) und die Börnepader. Östlich, in der Nähe vom Dom: die Dielenpader und die Rothobornpader. Und nördlich, in der Nähe des Stadtwalls: die Maspernpader.

Die Paderquellen, im Hintergrund der Paderborner Dom

TOUR 2

START
LGS-Route
Rheda-Wiedenbrück
Druffeler Straße
Bahnhofstr.
Kunsthaus
Wiedenbrücker Straße
Westerwieherstr.
Schöning
Schrebergärten
Bahn-Trasse
Wilhelmstr.
Kreisverkehr
Schloss Rheda
Leineweber-museum
Gütersloh
Rietberg
Lippstadt
0 1 2 km
Maßstab ca. 1 : 160 000

LGS-Route
Landesgartenschau-Route
In Rheda-Wiedenbrück und von Schöning bis Schloß Neuhaus
Römer-Lippe-Route
Paderborn Zentrum bis Schloss Neuhaus
Kiefernweg
Friedhof
Hövelhofer Str.
Linnenstr.
Thülecke
Oststr.
Waßmannsweg
Ostenländerstr.
4
Dellbrück
5
Schloss Neuhaus
Residenzstraße
6
7
Paderborn
Friedrichstraße
Bahnhofstraße
8
ZIEL
Oerlinghausen
Sennestadt
Schloß Holte-Stukenbrock
Stukenbrock-Senne
Kaunitz
FFH-Schutzgebiet Senne mit Stopelager Senne
Staumühle
Lippling
Wittendorf
Sande
Anreppen
Bentfeld
Elsen
Boke
Salzkotten
Verne
Wewer
Nordborchen
Marienloh

TOUR 3

57 km

mittel

VRL

Große Tour durchs Sauerland

Von Brilon Stadt nach Soest

Diese Strecke folgt der Möhne flussabwärts. Über die gesamte Distanz gibt es unterwegs keinen einzigen Bahnhof und auch nur wenige Ortschaften. Als Start eignet sich Brilon, das über 300 m höher gelegen ist als Soest. Deshalb geht es oft angenehm bergab. Die Strecke nutzt den MöhnetalRadweg, die stillgelegte Trasse der ehemaligen Möhnetalbahn.

Petrusbrunnen („Kump") auf dem Marktplatz in Brilon

1 Brilon

Die waldreichste Stadt Deutschlands gilt als Paradies für Wanderer und Radwanderer. Im Kurpark und den Wäldern richtete Orkan Kyrill 2007 extreme Schäden an. Im Ortsteil Petersborn haben die Briloner Bürger 50.000 neue Bäume angepflanzt, markiert durch das Kyrill-Tor aus 14 kahlen Fichtenstämmen. Sehenswert sind die historische Altstadt, der Marktplatz mit Petrusbrunnen und das mittelalterliche Rathaus.

Museum Haus Hövener

Am Markt 14
59929 Brilon
Nachbildung eines 1978 in der Nähe gefundenen Sauriers. Außerdem Exponate zur Stadtgeschichte, die stark vom Grubenwesen (Blei) geprägt ist.
Di-So 11-17 Uhr
3-4 Euro
Tel.: 02961-9639901
www.haus-hoevener.de

2 Rüthen Altstadt

Der Ortskern beherbergt noch einige historische Gebäude. Im einzigen erhaltenen Wehrturm der Stadtbefestigungsanlage wurden im 17. Jh. Zauberer und Hexen gefangen gehalten. Eine Gedenk- und Dokumentationsstätte erinnert an diese düstere Zeit. Ein weiteres Zeugnis – ein Schandkäfig, auch Schubstuhl genannt – steht am südlichen Teil der Stadtmauer. In diesem wurden Übeltäter früher zur Schau gestellt. Die Gedenkstätte sowie das angrenzende historische Handwerkerdorf mit Seilerei können nur nach telefonischer Anmeldung besichtigt werden:
Tel.: 02952-2121

3 Warstein-Belecke

Nach einem verheerenden Stadtbrand vor 200 Jahren wurde die Altstadt wiederaufgebaut. Sehenswert sind u. a. die dreitürmige Propsteikirche St. Pankratius, das Stadtmuseum Schatzkammer Propstei Belecke und die Stütings Wassermühle.

Stadtmuseum Schatzkammer Propstei Belecke

Am Propsteiweg 1a
59581 Warstein-Belecke

Stadt-, Kirchen- und Klostergeschichte des Sauerlandes. In der eigentlichen Schatzkammer des Museums werden liturgische Geräte aus dem 15. bis 18. Jh. gezeigt.
Mi u. Sa/So 15-17 Uhr (und nach Vereinbarung)
Tel.: 02902-71816
www.belecke.de

Stütings Wassermühle

Wilkestraße 1a (Altstadt)
59581 Warstein-Belecke
Die Mühle war bis 1963 als Korn- und Sägemühle in Betrieb. Das Sägewerk wurde bis dahin als einziges im Sauerland mit Wasser angetrieben. Seit der Erneuerung im Jahr 2012 erzeugt die Turbine mit Generator Strom, ca. 160.000 kWh/Jahr.
Tel.: 02902-75747 (Führungen nach Vereinbarung)
www.belecke.de

4 Wassermühle Niederbergheim

Möhnestraße 480
59581 Niederbergheim
Die Wassermühle ist bereits im ausgehenden Mittelalter erbaut worden. Heute beherbergt das denkmalgeschützte Gebäude eine Kunstgalerie.
Kontakt über Website
www.galerie-muehle.de

5 Möhnetalsperre

2013 feierte der Möhnesee seinen 100-jährigen Geburtstag. Der Stausee reguliert den Wasserstand der Ruhr und hat eine große Bedeutung für die Wasserversorgung der Ruhrgebietsstädte. Rund um den See verläuft ein 33 km langer Radwanderweg (großenteils autofrei). Unsere Tour führt über die Kanzelbrücke – eine der schönsten Steinbrücken Deutschlands – am östlichen Ende des Sees.

6 Soest

Soest besitzt im deutschen Sprachraum die ältesten verbrieften Stadtrechte. Die gesamte Altstadt steht unter Denkmalschutz. Das stolze Kirchenensemble zeugt von der Bedeutung des Ortes als mittelalterliche Hansestadt. 600 denkmalgeschützte Gebäude laden zu einer Altstadterkundung ein. Bemerkenswert sind die kleinen engen Gassen und die beschaulichen Teiche. Zudem sind noch drei Viertel der Stadtmauern erhalten.

Altstadt von Soest mit dem St. Patrokli-Dom (links) und der St.-Petri-Kirche

Burghofmuseum

Burghofstraße 22
59494 Soest
Das hübsche Patrizierhaus steht neben dem Romanischen Haus von 1180, dem ältesten erhalten gebliebenen Wohnhaus zwischen Rhein und Weser. Im Burghofmuseum ist die gesamte Geschichte der Region eingefangen.
Di-Fr 10-12 Uhr u. 14-17 Uhr,
Sa/So 11-17 Uhr
1-2 Euro, Jugendl. bis 16 J. frei
Tel.: 02921-3450324
www.soest.de

Museum der Belgischen Streitkräfte in Deutschland

Meiningser Weg 20
59494 Soest
Soest war über 40 Jahre lang Heimat für belgische Soldaten, bis zum Fall der Mauer 1989. Das Museum dokumentiert, wie die belgischen Gäste das Gesicht der Stadt mitprägten. Auf 162 qm wird die einstige Kompanie mit ihren Einheiten vorgestellt.
Juli/Aug. Do/Fr 11-13 Uhr und 14-17 Uhr;
Mai-Okt. 3. So/Monat 11-14 Uhr
3 Euro
Tel.: 02921-13171
www.moehnesee.de

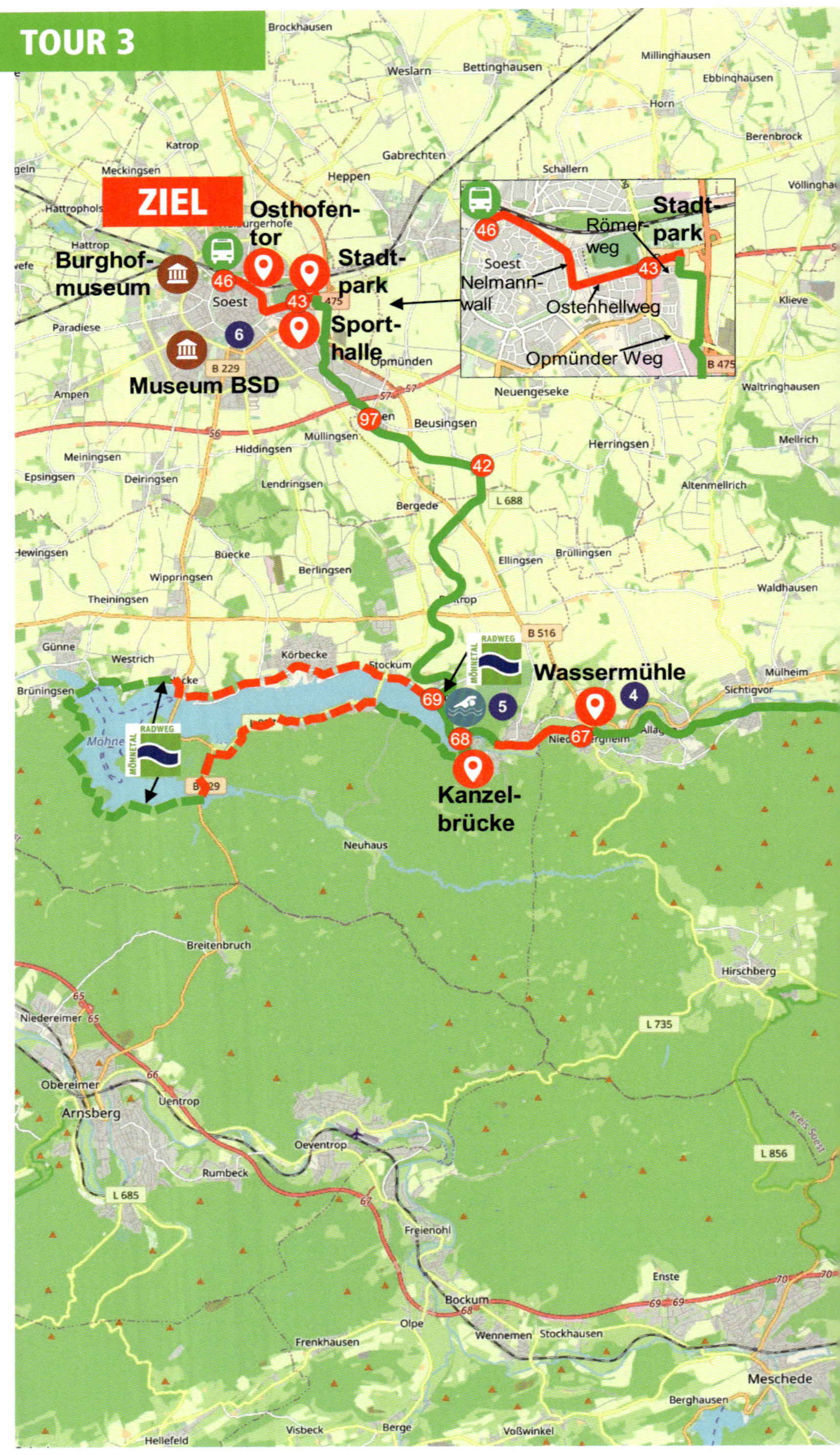

TOUR 3
ZIEL
Burghof-museum
Osthofen-tor
Stadt-park
Sport-halle
Museum BSD
Stadt-park
Römer-weg
Soest
Nelmann-wall
Ostenhellweg
Opmünder Weg
Wassermühle
Kanzel-brücke
RADWEG MÖHNETAL
Soest
Brockhausen
Weslarn
Bettinghausen
Millinghausen
Ebbinghausen
Horn
Berenbrock
Katrop
Meckingsen
Heppen
Gabrechten
Schallern
Hattrop
Paradiese
Ampen
Neuengeseke
Beusingsen
Müllingsen
Hiddingsen
Meiningsen
Epsingsen
Deiringsen
Lendringsen
Herringsen
Bergede
Ellingsen
Brüllingsen
Bücke
Berlingsen
Wippringsen
Theiningsen
Günne
Westrich
Körbecke
Stockum
Brüningsen
Möhne
Neuhaus
Breitenbruch
Hirschberg
Niedereimer
Obereimer
Arnsberg
Uentrop
Oeventrop
Rumbeck
Freienohl
Bockum
Olpe
Frenkhausen
Wennemen
Stockhausen
Enste
Meschede
Berghausen
Hellefeld
Visbeck
Berge
Voßwinkel
Klieve
Waltringhausen
Mellrich
Altenmellrich
Waldhausen
Mülheim
Sichtigvor
B 229
B 475
B 516
L 688
L 735
L 856
L 685

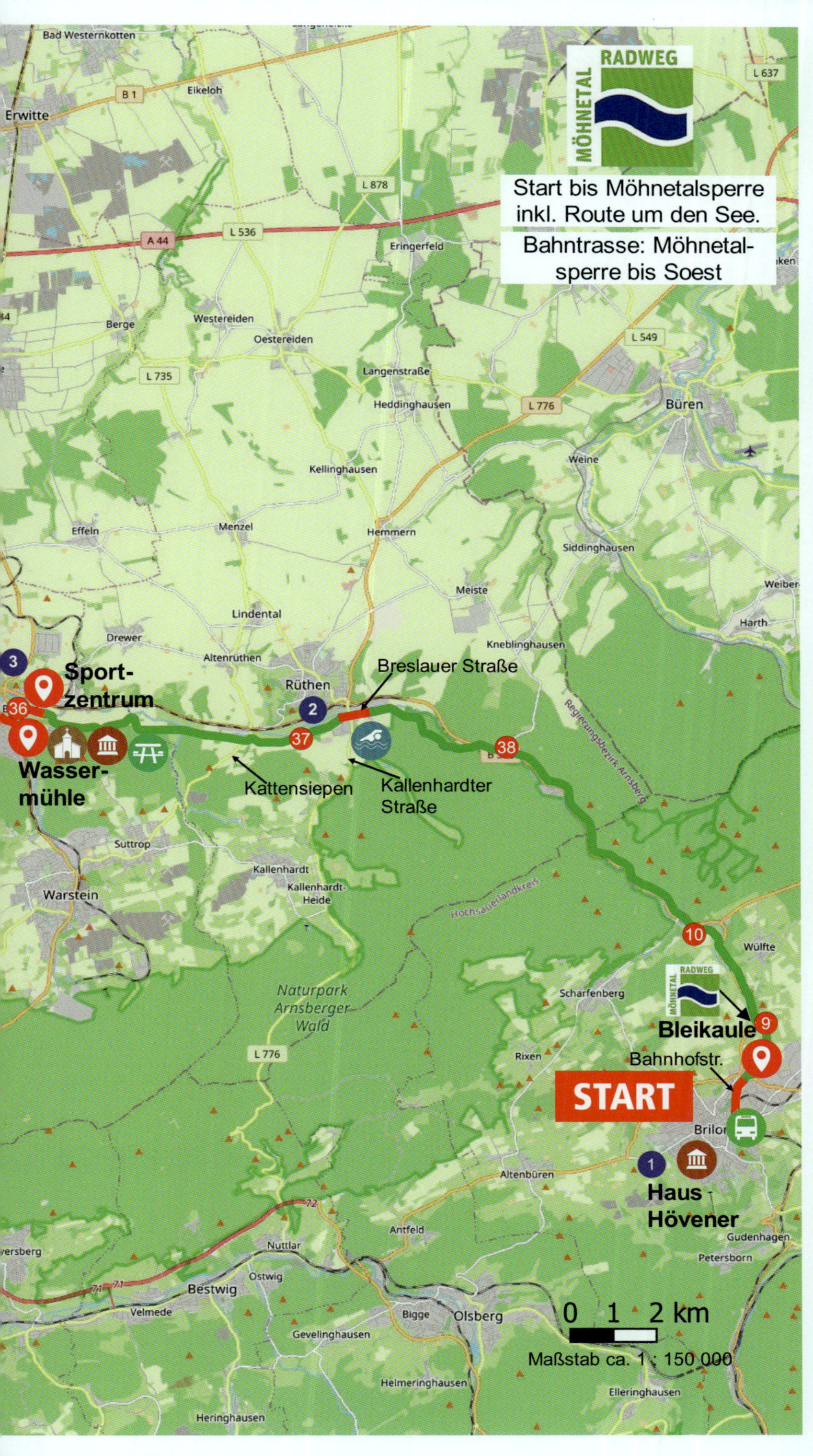

MÖHNETAL RADWEG
Start bis Möhnetalsperre inkl. Route um den See.
Bahntrasse: Möhnetalsperre bis Soest
Sport-zentrum
Wasser-mühle
Breslauer Straße
Kattensiepen
Kallenhardter Straße
Bleikaule
Bahnhofstr.
START
Haus Hövener
0 1 2 km
Maßstab ca. 1 : 150 000
Bad Westernkotten
Erwitte
Eikeloh
Eringerfeld
Berge
Westereiden
Oestereiden
Langenstraße
Heddinghausen
Büren
Weine
Kellinghausen
Effeln
Menzel
Hemmern
Siddinghausen
Meiste
Lindental
Drewer
Altenrüthen
Rüthen
Kneblinghausen
Harth
Suttrop
Warstein
Kallenhardt
Kallenhardt-Heide
Naturpark Arnsberger Wald
Scharfenberg
Wülfte
Rixen
Brilon
Altenbüren
Antfeld
Nuttlar
Ostwig
Bestwig
Velmede
Bigge
Olsberg
Gevelinghausen
Helmeringhausen
Heringhausen
Gudenhagen
Petersborn
Elleringhausen
Regierungsbezirk Arnsberg
Hochsauerlandkreis

TOUR 4

45 km

leicht

VGM

Fahrt in die Vergangenheit

Von Rheine nach Bad Bentheim

Bereits zu ihren Betriebszeiten hatte die Bahnstrecke Rheine–Ochtrup nur eine untergeordnete Bedeutung, weil an ihrer Strecke bloß ein paar Landgemeinden lagen. 1969 wurde der Eisenbahnverkehr eingestellt. Die Trasse war jedoch eine der ersten, die von Radfahrern genutzt werden konnten. Seit 20 Jahren wird auf dieser Strecke fleißig geradelt. Um das Ziel Bad Bentheim zu erreichen, nutzt die Tour ab Ochtrup die Strecken der Radregion Münsterland, die durch fast unbewohnte Gebiete führen.

Historischer Marktplatz mit Stadtkirche St. Dionysius in Rheine

1 Rheine

Der frühere Adelssitz Falkenhof ist die Keimzelle der Stadt Rheine. Heute beherbergt er ein Museum, in dem man die Stadtgeschichte erkunden und auch eine Kunstsammlung bestaunen kann. Unweit davon befindet sich der hübsche Marktplatz, der von historischen Häusern umsäumt wird. Aus der Stadtkulisse sticht ein bemerkenswert hoher Kirchturm heraus – mit 102,5 m ist er der höchste im gesamten Münsterland. Er gehört zur 1904 eingeweihten neoromanischen St.-Antonius-Basilika.

Innenhof mit Taubenbrunnen und Freitreppe

Falkenhof Museum
Tiefe Straße 22
48431 Rheine
Di-Sa 14-18 Uhr, So 10-18 Uhr
3-5 Euro
Tel.: 05971-920610
www.rheine.de

Archiv in der Basilika
Osnabrücker Straße 36 48429 Rheine
Besichtigungen
nach Absprache
Tel.: 05971-801690
www.heilig-kreuz-rheine.de

2 Neuenkirchen

An der Hauptstraße stehen Häuser im Biedermeierstil sowie die neoromanische St.-Anna-Pfarrkirche. Im Heimathaus erinnern u. a. ein Tante-Emma-Laden und eine alte Weberei an „die gute alte Zeit".

Heimathaus
Mühlendamm 58
48485 Neuenkirchen
1. So/Monat 14-18 Uhr
Eintritt frei, Führung 2 Euro
Kontakt über Website
www.heimatverein-neuenkirchen.info

3 Max-Clemens-Kanal

Spuren eines alten Verkehrswegs: Hier endet der Max-Clemens-Kanal, der vor mehr als 280 Jahren erbaut wurde. Ursprünglich sollte der Kanal Münster über die Flüsse Aa und Vechte mit der Nordsee verbinden. Er ist heute an vielen Stellen nur noch als Mulde erkennbar.

4 Heimathaus Ahlers

Werninghoker Straße 5
48493 Wettringen
Altes Handwerk und Kunsthandwerk sind stilvoll in einem 500 Jahre alten Bauernhaus zu sehen – zugleich auch das älteste Gebäude in Wettringen. Hier ist das Büro des Verkehrsvereins untergebracht.
Mo-Fr 9-12 Uhr
Tel.: 02557-929676

5 Alte Kirche Welbergen

Dorfstraße
48607 Ochtrup-Welbergen
Der einschiffige Kirchenbau ist bereits im 11. Jh. entstanden und zählt zu den ältesten und besterhaltenen romanischen Bauwerken im Münsterland. Im Altarraum befindet sich ein aufwendiges Grabmal des Ritters Johann von Oldenhuis.

Innenhof Haus Welbergen

Haus Welbergen
Bertha-Jordaan-van-Heek-Straße 1
48607 Ochtrup-Welbergen

Ausflug nach Niedersachsen zur Burg Bentheim

Ca. 1 km südlich der Kirche Welbergen liegt die rund 800 Jahre alte Wasserburg. Sie verfügt noch über eine Ringmauer, eine Wassermühle und eine Vorburg mit einem Torhaus sowie einen prächtigen Barockgarten. Die Außenanlagen und der Innenhof sind jederzeit kostenlos, die Innenräume für Gruppen nach Absprache zu besichtigen:

4 Euro, Kinder 3 Euro
Tel.: 02553-1333

6 Stift Langenhorst

Stiftskirche
Hauptstraße
48607 Ochtrup

Lohnenswert ist der kleine Abstecher entlang der Vechte zu der prächtigen mittelalterlichen Hallenkirche mit ihren zahlreichen Kunstwerken. Besonders interessant sind die Kapitelle der Pfeiler: Blatt- und Rankenformen, aber auch Figuren fesseln den Blick. Mit den angrenzenden Abteigebäuden und dem Burggraben stellt das Stift ein kulturhistorisch bemerkenswertes Baudenkmal dar.

frei, Führungen nach Vereinbarung
Pfarrbüro: Tel. 02553-3250

7 Ochtrup

Der Ort hat einen überregionalen Ruf als Töpferstadt. Vor 200 Jahren existierten dort 23 Töpfereien. Um dem Ruf weiterhin gerecht zu werden, brauchte es natürlich ein thematisch passendes Museum. Das Töpfereimuseum ist im historischen Wohnhaus einer ehemaligen Töpferfamilie untergebracht und gibt so einen authentischen Einblick in die Welt der Töpferkunst.

Töpfereimuseum Ochtrup
Töpferstraße 10
48607 Ochtrup
Di-Fr 9-12 Uhr u. 15-17 Uhr, So 15-17 Uhr
1 Euro, Kinder frei
Tel.: 02553-80854
www.touristinfo.ochtrup.de

8 Bergwindmühle

Turmstraße 24
48607 Ochtrup
Im holländischen Stil erbaute Kornwindmühle aus dem Jahr 1848. Direkt nebenan können sich müde Radwanderer in einer Gaststätte mit Biergarten erholen.
Sa 14-18 Uhr
www.touristinfo.ochtrup.de

9 Das Gildehauser Venn

... ist ein Moor- und Heidegebiet (niederdeutsch: Venn) im Grenzraum zwischen der Grafschaft Bentheim (Niedersachsen), Westfalen und den Niederlanden. Das Venn gilt als eines der naturkundlich wertvollsten Feuchtgebiete Nordwestdeutschlands.

10 Bad Bentheim

Das kleine Städtchen ist als Kurort und wegen seiner kulturhistorischen Bedeutung bekannt. Über der Altstadt erhebt sich die größte Höhenburg Nordwestdeutschlands. Von dem 30 m hohen Bergfried genießt man eine weite Aussicht auf das Münsterland und die Grafschaft Bentheim. Wichtiges Denkmal ist ein frühromanisches Steinkreuz (Herrgott von Bentheim). Mit einem Alter von über 1.000 Jahren zählt es zu den frühesten Christusdarstellungen in Mitteleuropa. 2 km nördlich liegt das bekannte Thermalsole- und Schwefelheilbad. Angrenzend erstreckt sich der Bentheimer Wald. Ein Teilstück – der Totenwald – hat sogar Urwaldcharakter.

Innenansicht Burg Bentheim

Burg Bentheim
48455 Bad Bentheim
Rundgänge durch die über 1.000 Jahre alte Anlage sind mit oder ohne Führung möglich. Mit Kutschenausstellung.
März-Okt. 10-18 Uhr, Nov.-Feb. 10-17 Uhr
3,50-5 Euro
Tel.: 05922-5011
www.burg-bentheim.de

Bentheimer Mineral Therme
Am Bade 1
48455 Bad Bentheim
Ein Solebad mit Saunalandschaft, Außen-, Sport- und Therapiebecken.
Mo-Fr 7-22 Uhr, Sa/So 8-20 Uhr
7-19 Euro
Tel.: 05922-743800
www.bentheimer-mineral-therme.de

INFO:
Infos zu weiteren Sehenswürdigkeiten bei der Touristinformation Bad Bentheim: Tel.: 05922-98330
www.badbentheim.de

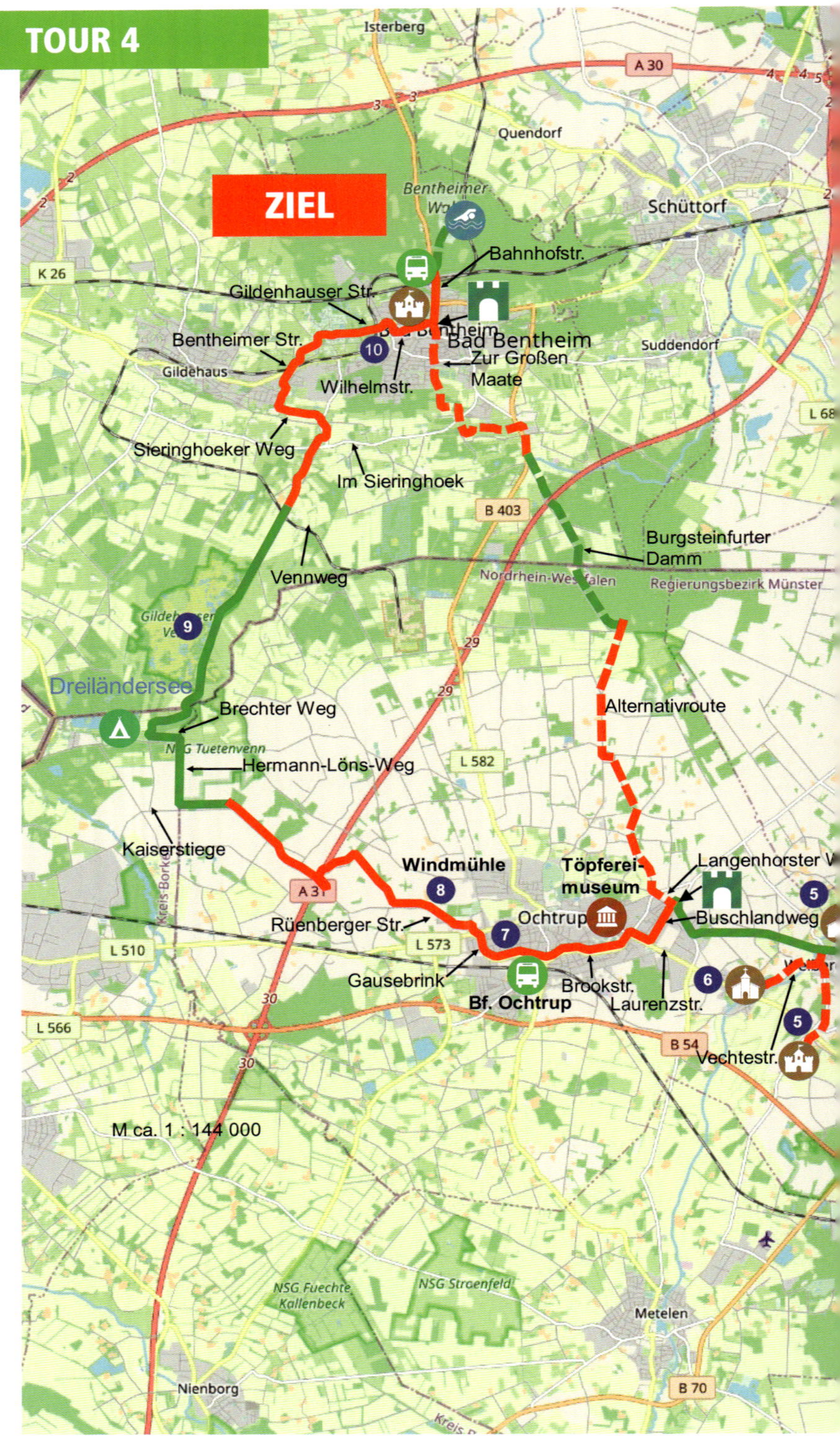

TOUR 4
Isterberg
A 30
Quendorf
ZIEL
Bentheimer Wald
Schüttorf
K 26
Bahnhofstr.
Gildenhauser Str.
Bad Bentheim
Bentheimer Str.
10
Zur Großen Maate
Suddendorf
Gildehaus
Wilhelmstr.
Sieringhoeker Weg
Im Sieringhoek
B 403
Burgsteinfurter Damm
Vennweg
Nordrhein-Westfalen
Regierungsbezirk Münster
9
Dreiländersee
Brechter Weg
Alternativroute
NSG Tuetenvenn
Hermann-Löns-Weg
L 582
Kaiserstiege
Windmühle
8
Töpferei-museum
Langenhorster W
5
A 31
Ochtrup
Buschlandweg
Rüenberger Str.
7
L 510
L 573
Gausebrink
6
Brookstr.
Bf. Ochtrup
Laurenzstr.
5
L 566
B 54
Vechtestr.
M ca. 1 : 144 000
NSG Fuechte Kallenbeck
NSG Stroenfeld
Metelen
Nienborg
B 70

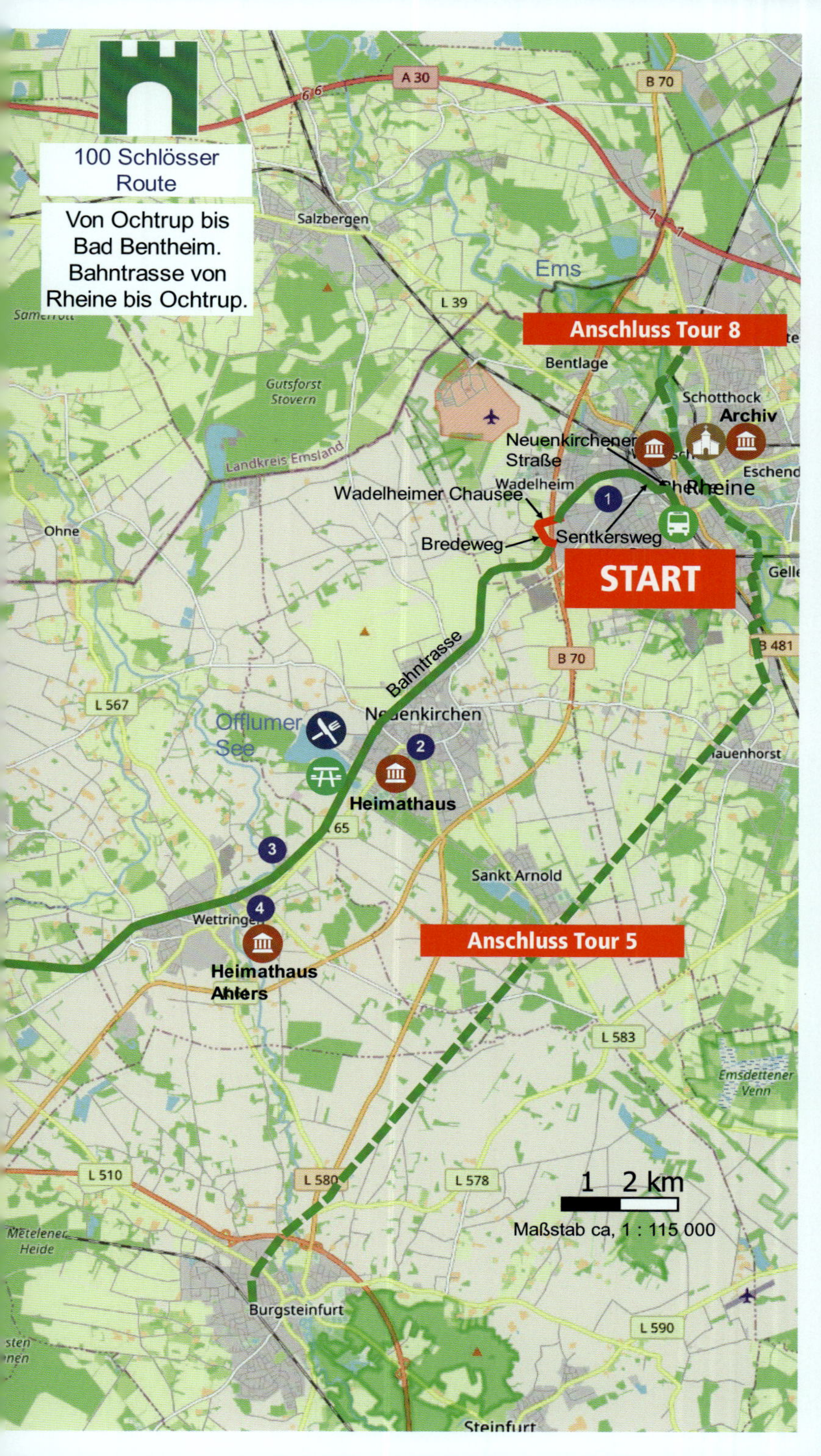
100 Schlösser Route
Von Ochtrup bis Bad Bentheim. Bahntrasse von Rheine bis Ochtrup.
A 30
B 70
Salzbergen
Ems
L 39
Anschluss Tour 8
Bentlage
Gutsforst Stovern
Schotthock
Archiv
Neuenkirchener Straße
Landkreis Emsland
Wadelheim
Wadelheimer Chaussee
Rheine
Eschend
Ohne
Bredeweg
Sentkersweg
START
Gelle
B 70
B 481
Bahntrasse
L 567
Offlumer See
Neuenkirchen
Heimathaus
65
Sankt Arnold
Wettringen
Anschluss Tour 5
Heimathaus Ahlers
L 583
Emsdettener Venn
L 510
L 580
L 578
1 2 km
Maßstab ca, 1 : 115 000
Metelener Heide
Burgsteinfurt
L 590
Steinfurt

TOUR 5

52 km

leicht

VGM

Mit Muskelkraft zur Kernkraft

Von Rheine nach Ahaus

Diese Tour nutzt drei verschiedene Strecken. Zunächst geht es über die RadBahn Münsterland (siehe auch Tour 6) und dann von Burgsteinfurt über die Trasse der Westfälischen Landeseisenbahn Richtung Heek. Bis dorthin folgt diese Tour den Strecken der Radregion Münsterland – ein gut ausgeschildertes Wegenetz, das Radwanderern eine ausgezeichnete Infrastruktur bietet.

1 Rheine

Siehe Tour 4.

2 St. Arnold

Sich auf stillgelegten Bahnstrecken altmodisch fortbewegen – das geht im Neuenkirchener Stadtteil St. Arnold. Draisinenfahrten werden gelegentlich vom Eisenbahnclub Nordwest-Münsterland ermöglicht – kräftige Muskeln sind nötig.
April-Okt. 2. So/Monat 14-18 Uhr
1 Euro, Kinder ab 4 J. 0,50 Euro
Tel.: 0171-7475754
www.ecn-online.de

3 Burgsteinfurt

Siehe Tour 6.

4 Metelen Land

Eisenbahnmuseum

Naendorf 74
48629 Metelen
Im Museum, das im alten Stationsgebäude eingerichtet wurde, können die Besucher nicht nur zahlreiche Exponate besichtigen, sondern auch mit der Handhebeldraisine und an speziellen Sonderterminen mit der Diesellok fahren.
Mai-Okt. 1. So/Monat
1,50 Euro
Tel.: 02556-7502
www.bahnhofsmuseum.de

Dino Zoo Metelen

Samberg 60
48629 Metelen
Der Zoo besteht aus einer Kombination aus Dinos (200 Exemplare) und lebenden Tieren mitten in den Wäldern. Dazu gibt Spielplätze, Restaurant, Fotostationen (z.B. im Maul eines Raubsauriers) und einiges mehr.
10 -18 Uhr (April bis Okt.)
10 Euro (beinhaltet einen Gutschein von 6 Euro)
Tel.: 02556 9962299
www.dinozoo-metelen.com

5 Metelen

Die Gemeinde entwickelte sich im Mittelalter um ein Kloster. Vom 16. Jh. bis 1973 spielte die Textilindustrie hier eine große Rolle.

Pfarrkirche St. Cornelius und Cyprianus mit Stiftskammer

Pastorat 4
48629 Metelen
Die ehemalige Stiftskirche wurde bereits im 12. Jh. erbaut. In der Blütezeit besaß der adelige Damenstift 100 Höfe. In der Stiftskammer befinden sich wertvolle Zeugnisse aus der fast 1.000-jährigen Geschichte.
1,50 Euro
Tel.: 02556-8941 (Führungen nach Absprache)

Plagemanns Mühle

Mühlentor
48629 Metelen
Eine Kornwassermühle, deren Geschichte bis ins 10. Jh. reicht.
Mai-Okt. 1. So/Monat 14-18 Uhr und nach Absprache
1,50 Euro
Tel.: 02556-8936 (Tourist-Information Metelen)

6 Transportbehälterlager

Ammeln 59
48683 Ahaus
Diese mächtige, fast 200 m lange und 20 m hohe Halle dient als Zwischenlager für Brennelemente aus verschiedenen Kernkraftwerken in Deutschland. Die Lagerkapazität der Halle reicht bis zu rund 4.000 Tonnen. Aufgrund der politischen Diskussionen gerät das Zwischenlager Ahaus immer wieder in die Schlagzeilen.

7 Schloss Ahaus

Sümmermannplatz
48683 Ahaus
Das barocke Schloss wurde im ausgehenden 17. Jh. als Jagdschloss für die Fürstbischöfe von Münster errichtet. Heute ist es im kommunalen Besitz und beherbergt die Technische Akademie und zwei Museen – das Schulmuseum und das Torhausmuseum. Besichtigung des Schlossgebäudes und des Gartens sind bei einer Führung möglich, buchbar über die Touristinformation.

Museen im Schloss

Torhausmuseum:
Okt.-März Sa/So u. feiertags 14-17 Uhr,
April-Sept. Di-Fr 10-12 Uhr,
Sa/So u. feiertags 14-17 Uhr;
Schulmuseum: Di-Fr 11-13 Uhr,
Sa/So 14-17 h
beide Museen Eintritt frei
Tel.: 02561-444444 (Touristinformation)
www.ahaus.de

100 Schlösser Route

Schloss Ahaus ist eines der vielen Highlights auf der 100 Schlösser Route. Dieser fast 1.000 km lange Radwanderweg schlängelt sich durch das gesamte Münsterland und streift dabei sogar über 150 Burgen, Schlösser und Herrenhäuser. Viele Strecken sind weitgehend autofreie Wirtschaftswege. Diese Tour folgt der Route zwischen Ahaus und Heek.

Barockes Wasserschloss Ahaus

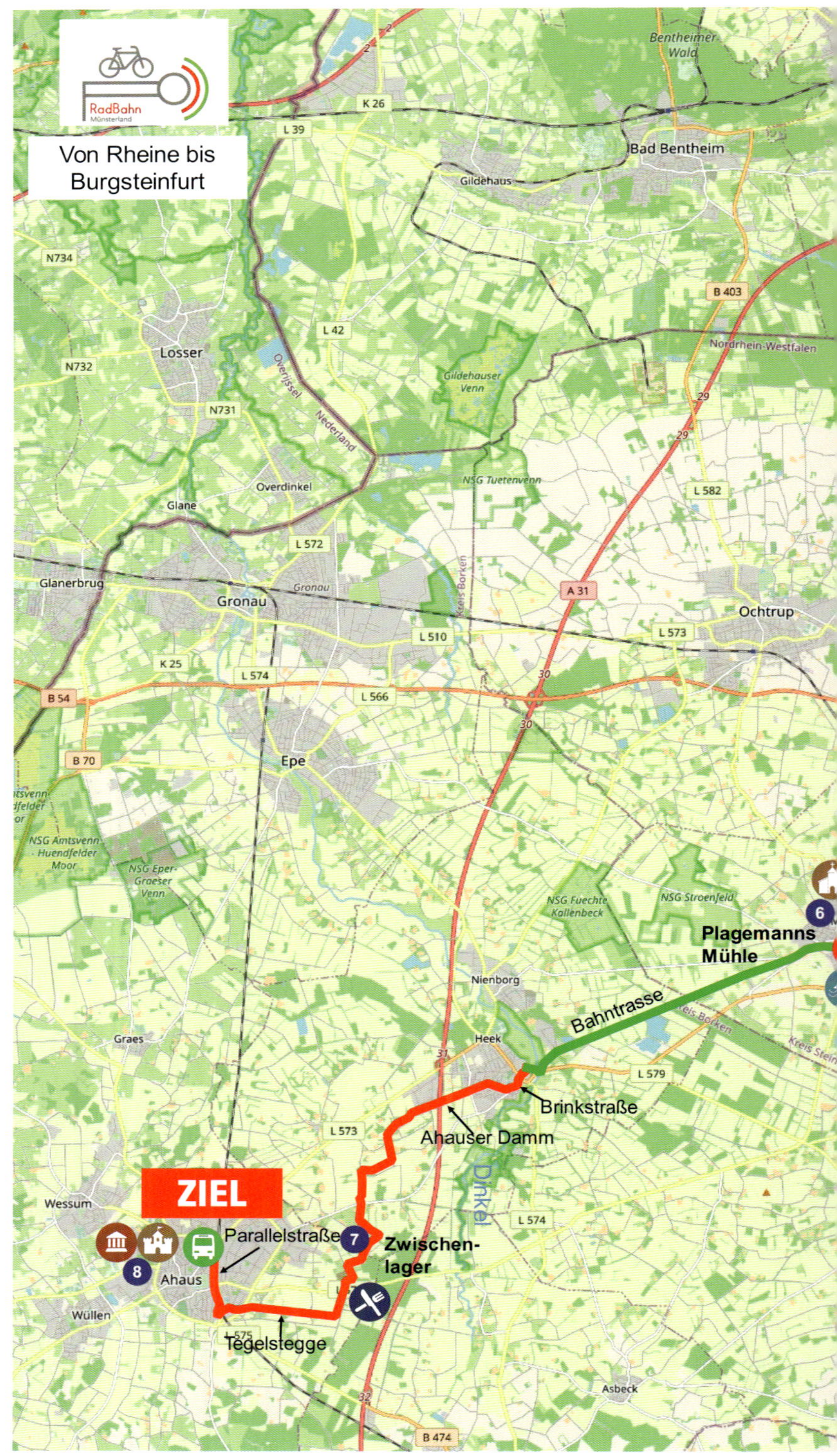

RadBahn
Münsterland
Von Rheine bis Burgsteinfurt
ZIEL
Parallelstraße
Zwischen-
lager
Tegelstegge
Ahauser Damm
Brinkstraße
Bahntrasse
Plagemanns
Mühle
Dinkel
Ahaus
Wessum
Wüllen
Heek
Nienborg
Graes
Epe
Gronau
Glanerbrug
Losser
Glane
Overdinkel
Gildehaus
Bad Bentheim
Bentheimer
Wald
Ochtrup
Asbeck
Gildehauser
Venn
NSG Tuetenvenn
NSG Fuechte
Kallenbeck
NSG Stroenfeld
NSG Amtsvenn
- Huendfelder
Moor
NSG Eper-
Graeser
Venn
Overijssel
Nederland
Nordrhein-Westfalen
Kreis Borken
Kreis Stein
N734
N732
N731
L 39
K 26
L 42
B 403
L 582
L 572
A 31
L 510
L 573
K 25
L 574
B 54
L 566
B 70
L 579
L 573
L 574
B 474
6
7
8

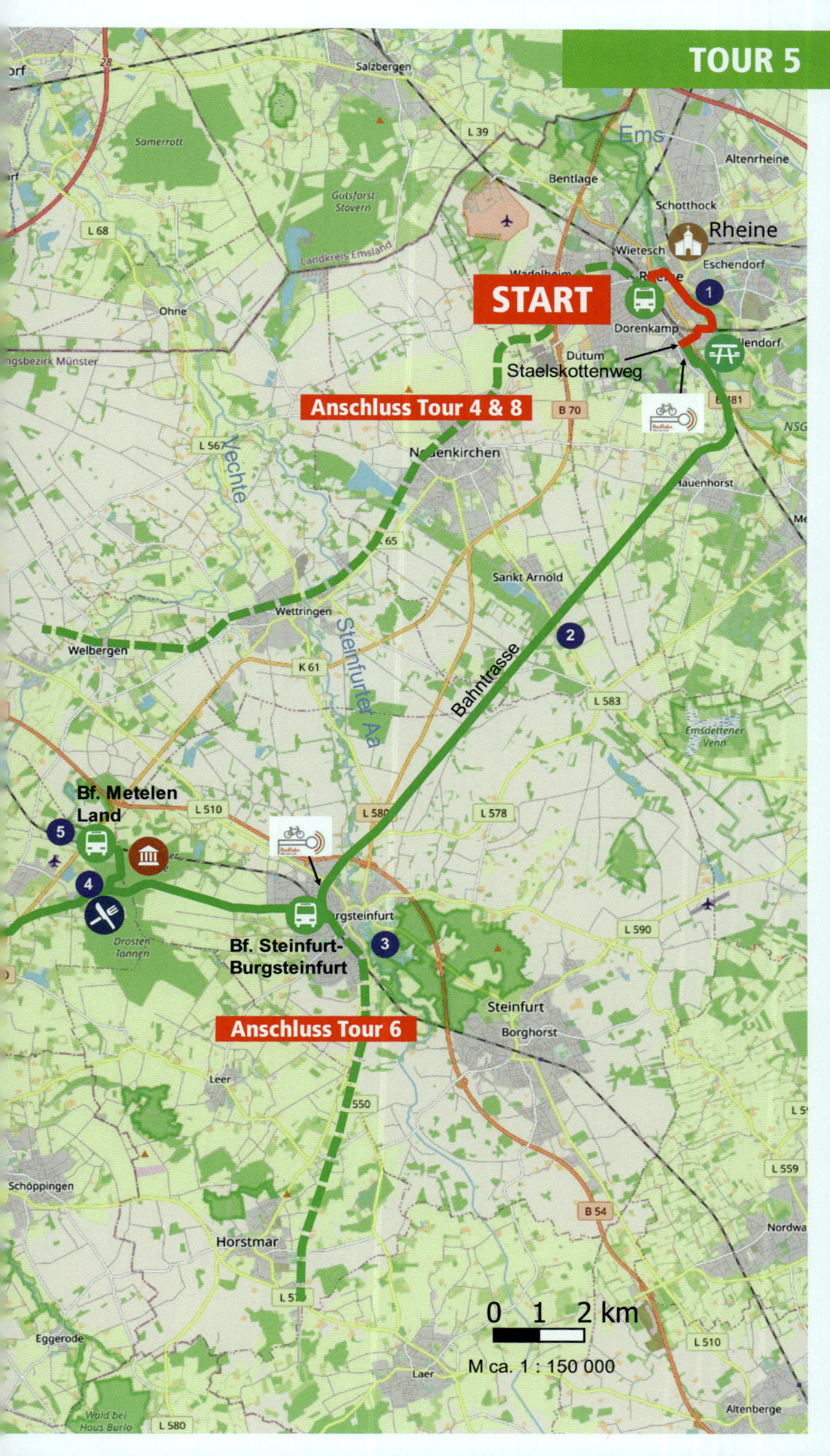

START
Rheine
Anschluss Tour 4 & 8
Staelskottenweg
Bahntrasse
Bf. Metelen Land
Bf. Steinfurt-Burgsteinfurt
Anschluss Tour 6
Salzbergen
Bentlage
Ems
Altenrheine
Schotthock
Wietesch
Eschendorf
Dorenkamp
Dutum
Samerrott
Gutsforst Stovern
Landkreis Emsland
Ohne
Vechte
Wettringen
Welbergen
Steinfurter Aa
Sankt Arnold
Emsdettener Venn
Drosten Tannen
Steinfurt
Borghorst
Leer
Schöppingen
Horstmar
Eggerode
Laer
Wald bei Haus Burlo
Altenberge
L 39
L 68
B 70
L 567
K 61
L 583
L 510
L 578
L 590
B 54
L 559
L 550
L 580
0 1 2 km
M ca. 1 : 150 000

TOUR 6

25 km

leicht

VGM

Park- und Gartenroute

Von Billerbeck-Lutum nach Burgsteinfurt

Dieser vorbildliche, komplett asphaltierte Fahrradweg ist Teil der Rad-Bahn Münsterland. Sie nutzt die alte Bahnstrecke von Duisburg nach Quakenbrück, die 1879 von der Rheinischen Eisenbahn-Gesellschaft als Konkurrenzstrecke zur Köln-Mindener Eisenbahn-Gesellschaft (Wanne-Eickel nach Hamburg) eröffnet wurde. Weitere Infos unter: www.muensterlandradweg.de (private Website).

Wasserschloss Darfeld

Schloss Darfeld

Schlossallee
48720 Rosendahl

Unter der Vielzahl der münsterländischen Wasserschlösser ist Schloss Darfeld mit seinem südländischen Renaissancebaustil einzigartig. Die herrlichen zweigeschossigen Bogenhallen verleihen dem Schloss einen besonderen Zauber. Es befindet sich in Privatbesitz, deswegen ist keine Besichtigung möglich.

Der denkmalgeschützte Münsterhof ist ein Burgmannshof in Horstmar

2 Horstmar

Das historische Städtchen Horstmar entstand in der Nähe einer Burg, die im Dreißigjährigen Krieg vollständig zerstört wurde. Erhalten geblieben sind allerdings vier (von einst acht) Burgmannshöfen im quadratischen Ortszentrum. Die Burgmannen waren Ritter von niederem Adel und hatten die Burg zu bewachen und zu verteidigen.

3 Burgsteinfurt

Mit seinen zahlreichen Sehenswürdigkeiten und der Altstadt stellt dieser Steinfurter Stadtteil ein Juwel im Münsterland dar. Bereits im 18. Jh. zog der als Lustgarten angelegte Park *Steinfurter Bagno* Touristen an. Ein paar alte Gebäude (Konzertgalerie) erinnern noch an ihn. Herausstechende Baudenkmäler sind die Wasserburg mit Torhaus, die Hohe Schule (bereits Ende 16. Jh. gegründete Hochschule), das alte Rathaus und die Professorenhäuser.

Torhaus des Schlosses Steinfurt

Blick auf die Oberburg, Unterburg und die Schlossmühle (vorne)

Altes Rathaus in Burgsteinfurt

4 Kreislehrgarten

Wemhöferstiege 33
48565 Steinfurt

Ein Muss für Gartenfans – im 30.000 qm großen Schaugarten wachsen und gedeihen u. a. 100 Rosen- und 300 verschiedene Obstsorten. Während der kurzweiligen Führungen können außerdem Bambussträucher, Gemüse und Kräuter in ihren jeweiligen Gärten beschaut und gärtnerisches Wissen praxisnah erworben werden.

Von Sonnenauf- bis Sonnenuntergang, Obstverkauf August bis Dezember
Eintritt frei
Tel.: 02551-694410
www.kreislehrgarten-steinfurt.de

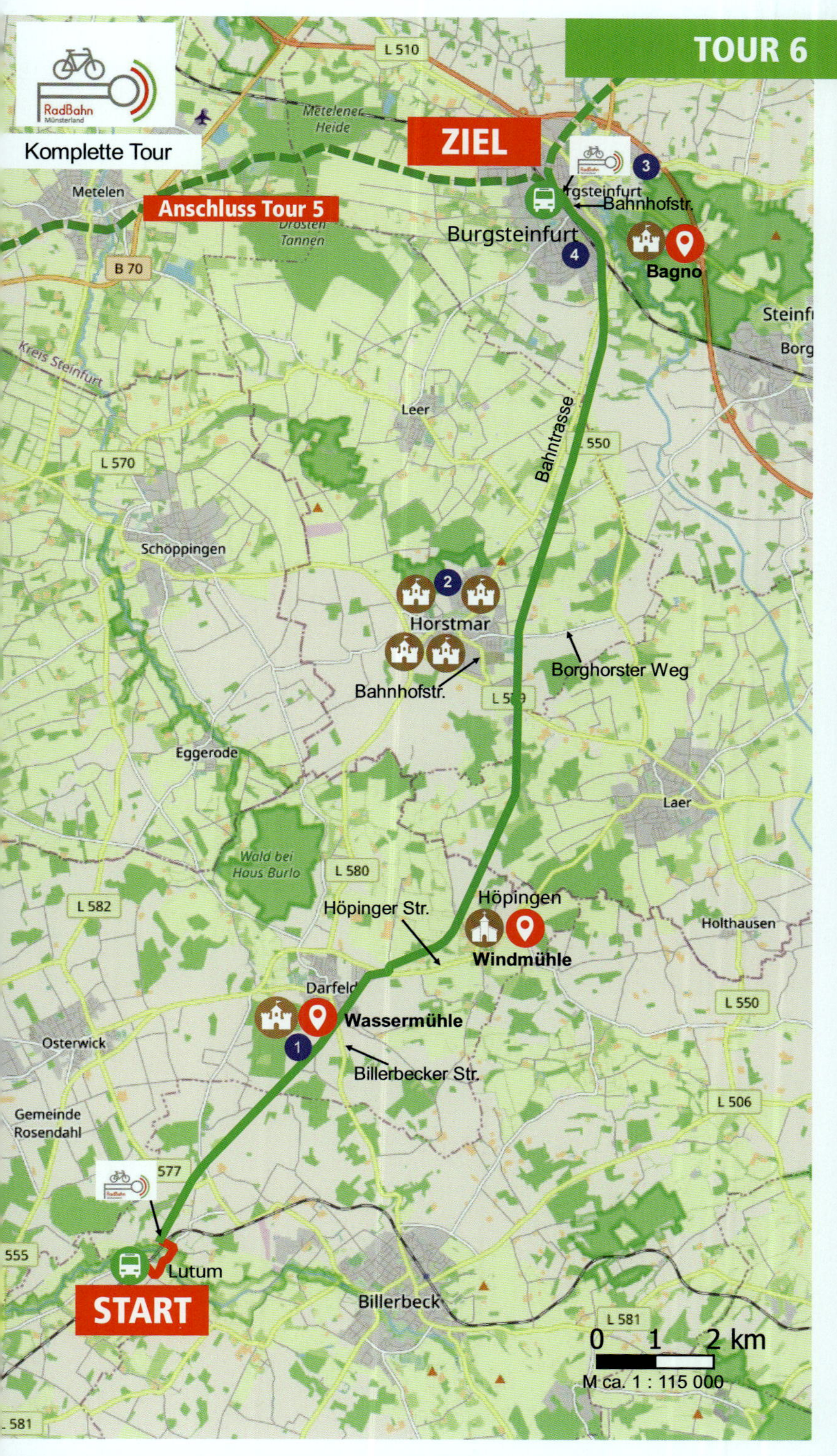

TOUR 6
RadBahn Münsterland
Komplette Tour
ZIEL
Anschluss Tour 5
Metelen
Metelener Heide
Drosten Tannen
L 510
B 70
Burgsteinfurt
Bahnhofstr.
Bagno
Steinfu
Borg
Kreis Steinfurt
Leer
Bahntrasse
550
L 570
Schöppingen
Horstmar
Bahnhofstr.
Borghorster Weg
Eggerode
Laer
Wald bei Haus Burlo
L 580
L 582
Höpinger Str.
Höpingen
Windmühle
Holthausen
Darfeld
Wassermühle
Billerbecker Str.
L 550
Osterwick
L 506
Gemeinde Rosendahl
577
555
Lutum
START
Billerbeck
L 581
0 1 2 km
M ca. 1 : 115 000

TOUR 7

30 km

leicht

VGM

In die Stadt der Fahrräder

Von Drensteinfurt nach Münster Hbf

Der WerseRadweg gehört zu den neueren Radwanderwegen in NRW und folgt über 125 km der Werse von der Quelle bei Rheda-Wiedenbrück bis zur Mündung in die Ems bei Münster. Der Radwanderweg ist ausgestattet mit Infoblöcken und in regelmäßigen Abständen mit einladenden Rastplätzen. Diese Tour nutzt den letzten Teil der Strecke, in dem sich die Werse von einem Bach zu einem kleinen Fluss mausert (Infos online unter: www.werseradweg.de).

Das münsterländische Wasserschloss Haus Steinfurt

1 Drensteinfurt

Im Zentrum des beschaulichen Städtchens liegen das Schloss Steinfurt (Privatbesitz), ein schönes Torhaus und die Schlossmühle. Unweit davon befindet sich eines der eindrucksvollsten Fachwerkhäuser des Münsterlandes, die Alte Post.

Imkerei

Felsenweg 5
48317 Drensteinfurt
Ausstellung mit lebenden Bienen sowie historischen und modernen Imkergeräten.

Mitte Mai bis Mitte Aug. täglich, sonst: Do 11-18 Uhr
1-2,50 Euro
Tel.: 02508-1497

2 Haus Göttendorf

Eickenbeck 12
48317 Drensteinfurt
Eine Innenbesichtigung des Schlosses ist nicht möglich, da es sich in Privatbesitz befindet. Von Weitem kann man das kupfergrüne Dach und die Kapelle erspähen.

3 Haus Bisping

Altendorf 25
48317 Drensteinfurt
Abstecher in den Stadtteil Rinkerode. Vom ehemaligen Wasserschloss und Geburtshaus des berühmten Fürstbischofs Bernhard von Galen (1606–1678) sind nur das Torhaus und ein Teil der alten Gräfte erhalten geblieben. Es wird privat genutzt, daher nur Außenbesichtigung möglich.

4 Haus Borg

Altendorf 51
48317 Drensteinfurt
Auch eine der größten Burganlagen des Münsterlandes ist in privatem Besitz. Die Drei-Insel-Anlage besteht aus Vorburg, Hauptburg und einem Barockgarten. Die Gebäudeteile stammen vorwiegend aus dem 15. bis 18. Jh.

5 Haus Dahl

Hiltruper Straße 85
48167 Münster-Wolbeck
Kleiner Adelssitz direkt am Wegesrand. Am anderen Flussufer der Werse steht ein typisch münsterländischer Bauernhof mit einem stattlichen Herrenhaus.

6 Gallitzin-Haus

Angelmodderweg 97
48167 Münster-Angelmodde
Ständige Ausstellung über das Leben der Fürstin Amalia von Gallitzin (1748–1806), einer einflussreichen katholischen Religionsforscherin.
So 10.30-12.30 Uhr
(und nach Vereinbarung)
Eintritt frei
Tel.: 02506-6671
www.gallitzin-stiftung.de/haus

7 Münster

Die Fahrradhauptstadt der Nation! Einige der Superlative: das bundesweit größte Fahrradparkhaus (3.300 Stellplätze - soll in den nächsten Jahren noch einmal um 2000 Plätze erweitert werden), wiederholte Auszeichnung als fahrradfreundlichste Großstadt Deutschlands. Etwa 40 % aller Fahrten in Münster werden mit dem Fahrrad (münsterländisch: „Leeze") zurückgelegt. Mit einer Fahrt über

Rathaus der Stadt Münster

die Promenade, eine gut ausgebaute innere Ringstraße für Radler (bis zu 2000 Fahrer pro Stunde), können Sie mal die Fahrradatmosphäre in dieser dafür vorbildlichen Großstadt erleben. Münster wurde in der Nachkriegszeit behutsam wiederaufgebaut. Bestes Beispiel ist der wiederentstandene Prinzipalmarkt mit seinen stolzen Kaufmannshäusern. Innerhalb dieser Häuserreihen findet man auch das gotische Rathaus mit dem Friedenssaal, wo 1648 nach langen Verhandlungen der Dreißigjährige Krieg beendet wurde. Flankiert wird die eindrucksvolle Häuserreihe von der Lambertikirche. An deren Kirchturm hängen Käfige, in denen vor ca. 500 Jahren Kirchenrebellen ein klägliches Ende beschieden war. In direkter Nachbarschaft steht der große St.-Paulus-Dom mit einer besonderen Attraktion: einer astronomischen Uhr aus dem Spätmittelalter. Sie dreht sich erstaunlicherweise entgegen des Uhrzeigersinns.

Gemütlichkeit im Straßencafé am Prinzipalmarkt in Münster

INFO:

Ausgewählte Münster-Tipps
(mehr Infos www.muenster.de):

Kunstmuseum

Pablo Picasso Münster
Picassoplatz 1
48143 Münster
Drei bis vier wechselnde Ausstellungen pro Jahr.
tägl. 10-18, Fr 10-19 Uhr
8-10 Euro, Kinder 4 Euro
Tel.: 0251-4144710
www.kunstmuseum-picasso-muenster.de

Friedenssaal im Rathaus

Prinzipalmarkt 10
48143 Münster
Meisterwerke der Schnitzkunst, der Goldene Hahn, gotischer Baldachin.
Di-Fr 10-17 Uhr,
Sa/So u. feiertags 10-16 Uhr
1,50-2 Euro
Tel.: 0251-4922724

Mühlenhof-Freilichtmuseum

Theo-Breider-Weg 1
48149 Münster
30 historische Bauten um eine alte Bockwindmühle von 1719. Noch älter ist das von 1619 stammende Mühlenhaus.
März-Nov. tägl. 10-18 Uhr, Dez.-Feb. tägl. 10-17 Uhr
5 Euro, Kinder 3 Euro
Tel.: 0251-981200
www.muehlenhof-muenster.org

Allwetterzoo

Sentruper Straße 315
48161 Münster
Fast 4.000 Tiere aus aller Welt – die Wege zwischen den Gehegen sind meist überdacht.
April-Sept. tägl. 9-19 Uhr, März + Okt. tägl. 9-18 Uhr, Nov.-Feb. tägl. 9-17 Uhr
12,90-18,90 Euro, Kinder 6,90-10,90 Euro
Tel.: 0251-89040
www.allwetterzoo.de

Anschluss Tour 8
Wassermühle
Kreuzviertel
Warendorfer Str.
Pleistermühlenweg
Münster
Picasso Museum
ZIEL
Dortmund-Ems-Kanal
Oststr.
Zum Guten Hirten
Bahnhof
L 586
L 585
Geistviertel
Sportplatz
Angelmodderweg
Gremmendorf
Berg Fidel
Haus Angelmodde
Wolbeck
Start bis Münster
Sportplatz
Angelmodde
Haus Dahl
Hiltruper Str.
Werse
Wolbecker Tiergarten
In Münster
Hiltrup
Anschluss Tour 9
L 885
L 520
Hohe Ward
Münster
Albersloh
Haus Sunger
L 850
Albersloher Str.
Davert <WAF>
Rinkerode
Kirchbreede
L 851
Davert
L 585
Anschluss zur Tour 17
Grentruper Weg
Bahnhofstr.
B 58
START
Drensteinfurt
Kreis Warendorf
0 1 2 km
M: ca. 1 : 115 000
Ascheberg
WERSE RAD WEG
R1

TOUR 8

70 km

leicht

VGM

Kanalroute

Von Rheine nach Münster Hbf

Diese Tour nutzt die Dortmund-Ems-Kanal-Route (DEK-Route). Sie ist über 350 km gut ausgeschildert und verbindet die ostfriesische Stadt Norden-Norddeich mit Dortmund. Die Route verläuft über weite Strecken autofrei direkt am Kanal entlang. Ein Erlebnis unterwegs sind die Schleusen.

1 Rheine

Siehe Tour 4.

2 Salz, Kultur und Natur in Rheine

Im Nordwesten der Emsstadt liegt das Erholungsgebiet Bentlage mit seiner einzigartigen Saline, dem Kloster Bentlage und dem benachbarten Naturzoo.

Naturzoo

Weihbischof-Dalhaus-Str.
48432 Rheine
1.000 Tiere und 100 Arten – Highlight dieses Zoos ist der Affenwald.
Mo-Sa 9-18, So 9-19 Uhr
(im Winter bis zur Dämmerung)
8,50-9,50 Euro, Kinder 5,50 Euro
Tel.: 05971-161480
www.naturzoo.de

Saline Gottesgabe

Salinenstraße 105
48432 Rheine
Bereits im Mittelalter wurde in Rheine Salz gewonnen. Die bis heute erhaltenen und renovierten Gebäude der Saline bilden ein einmaliges Ensemble und zählen zu den ältesten technischen Kulturdenkmälern in Nordrhein-Westfalen. Der umgebende Salinenpark ist beliebter Freizeit- und Erholungsraum.
Gruppenführungen (bis 25 Personen) nach Absprache möglich
Führung 55 Euro pro Gruppe
Tel.: 05971-800650
(Verkehrsverein Rheine)
www.kloster-bentlage.de

Das Gradierwerk in der Saline Gottesgabe in Rheine

Nördlich der Stadt Rheine liegt das Kloster Bentlage am Ufer der Ems

Kloster Bentlage
Bentlager Weg 130
48432 Rheine
In direkter Nachbarschaft liegt das 1437 gegründete ehemalige Kreuzherrenkloster. Anfang des 19. Jh. gehörte es einer belgischen Adelsfamilie. Im Ostflügel sind das Museum mit zwei beachtenswerten Sammlungen über die Kunst- und Kulturgeschichte Westfalens und ein nettes Café (www.highteacafe.eu) untergebracht.
Di-Sa 9-13 Uhr u. 14-18 Uhr
(Museum und Café nur nachmittags),
So u. feiertags 10-18 Uhr
Kloster frei, Museum 3-5 Euro
Tel.: 05971-918400
www.kloster-bentlage.de

3 Megalithgrab

Rheine-Schotthock
Mehr als 4.000 Jahre altes Großsteingrab. Das Bodendenkmal stammt aus der Zeit der Trichterbecherkultur (Jungsteinzeit).

4 Heimathaus Hovesaat

Hengemühlweg 19
48432 Rheine
Mit Imkerlehrzentrum, Bauerngarten und Backhaus.
Tel.: 05971-70477

5 Bevergern

Der fast 900 Jahre alte Ort gehört seit 1975 zur Stadt Hörstel. Bevergern hat eine hübsche Altstadt. Im örtlichen Heimathaus ist ein kleines Museum mit einer eindrucksvollen Sammlung aus Kultur und Brauchtum sowie sakraler Kunst eingerichtet worden. Direkt bei Bevergern liegt das Nasse Dreieck, ein Wasserstraßendreieck, an dem der Mittellandkanal nach Berlin vom Dortmund-Ems-Kanal abzweigt.
Touristinformation Hörstel
Kalixtusstraße 6
48477 Hörstel-Riesenbeck
Tel.: 05454-911112

6 Landmaschinenmuseum Riesenbeck

Im Vogelsang 75
48477 Riesenbeck
Ein ungewöhnliches Museum über die Entwicklung der Landmaschinentechnik. Die Arbeitsgeräte können auf einem 2,5 Morgen großen Acker vorgeführt werden.
April-Okt. 1. So/Monat 14-18 Uhr
Tel.: 05454-7619
www.lm-museum-riesenbeck.de

7 Flughafen Münster/Osnabrück

Der internationale Flughafen liegt etwa 25 km nördlich von Münster. Mit einem Passagieraufkommen von einer Million gehört er zu den kleineren Flughäfen und bedient hauptsächlich europäische Ziele.
Flughafenführungen (ein Blick hinter Kulissen)
Tel.: 02571-94-1515 (Anmeldung)
www.fmo.de

8 Münster

Siehe Tour 7.

Am Prinzipalmarkt in Münster

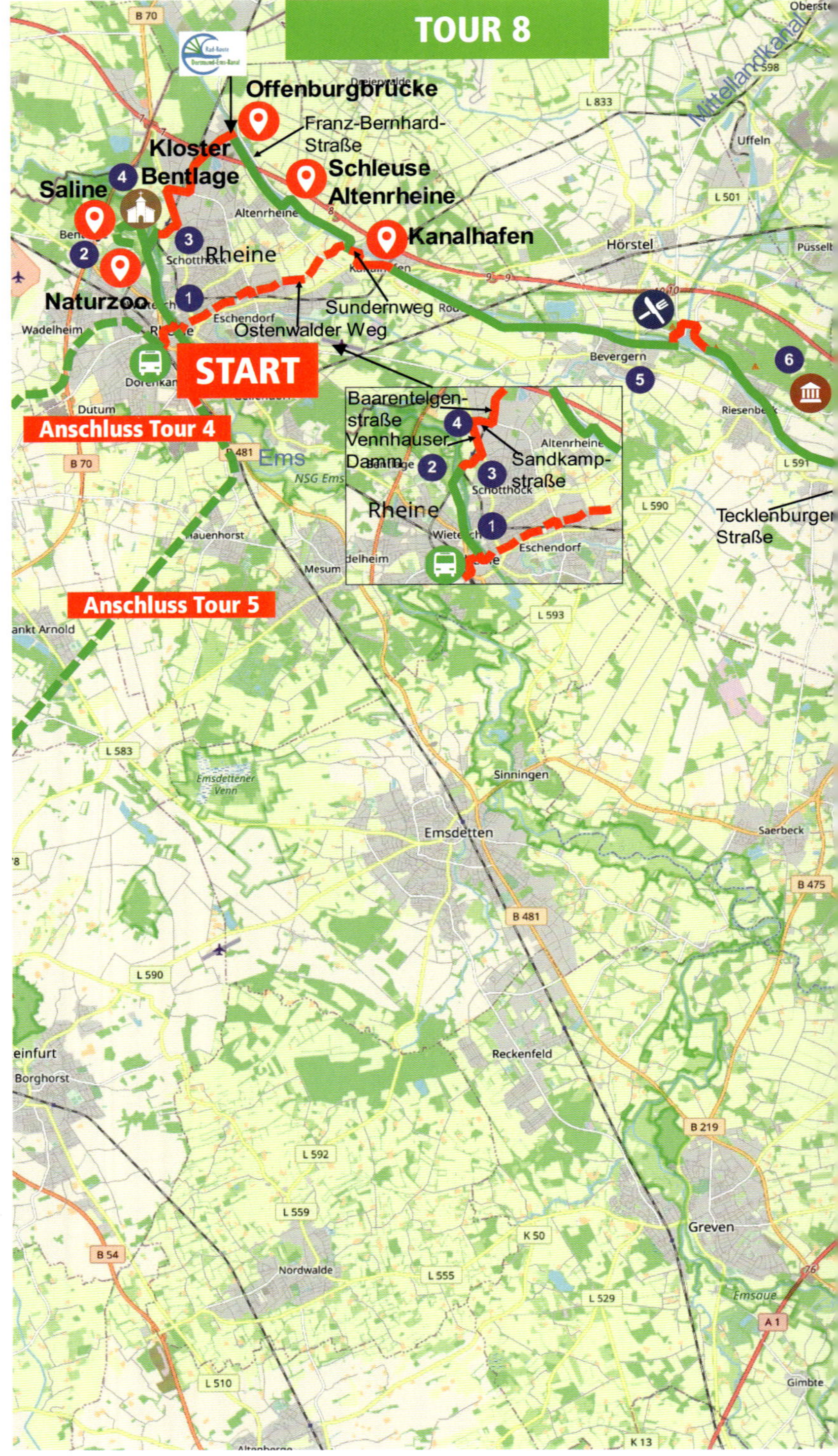

TOUR 8
Offenburgbrücke
Franz-Bernhard-Straße
Kloster Bentlage
Saline
Schleuse Altenrheine
Kanalhafen
Rheine
Naturzoo
Sundernweg
Ostenwalder Weg
START
Anschluss Tour 4
Anschluss Tour 5
Baarentelgenstraße
Vennhauser Damm
Sandkampstraße
Tecklenburger Straße
Mittellandkanal
Hörstel
Bevergern
Riesenbeck
Eschendorf
Emsdetten
Sinningen
Saerbeck
Reckenfeld
Greven
Nordwalde
Gimbte
Ems

Rad-Route Dortmund-Ems-Kanal
Von Rheine bis Münster
R1
In Münster
Tecklenburger Straße
Münsterstraße
Lengericher Damm
Ostbevener Straße
Dortmund-Ems-Kanal
Telgter Straße
Yachthafen
Fuerstruper Straße
Zur Eckernheide
Wilhelmshaven-ufer
Dortmund-Ems-Kanal
Oststr.
Zum Guten Hirten
Südmühle
Schleuse
Pleister-mühle
Anschluss Tour 7
Anschluss Tour 9
0 1 2 km
Maßstab ca. 1 : 160 000
Emsdetten
Saerbeck
Greven
Reckenfeld
Ladbergen
Dörenthe
Brochterbeck
Gimbte
Sprakel
Coerde
Handorf
Mariendorf
Gievenbeck
Münster
Sentruper Höhe
Pluggendorf
Sankt Mauritz
Zentrum Nord
Vadrup
Flughafen Münster/ Osnabrück
Emsaue
Rieselfelder Münster
Standortübungsplatz Dorbaum
Standortübungsplatz Handorf Ost

TOUR 9

35 km

leicht

VGM

Von Burg zu Burg

Von Münster Hbf nach Lüdinghausen

Diese Tour folgt der Dortmund-Ems-Kanal-Route (DEK-Route) auf dem Teilstück zwischen Münster und Lüdinghausen. In Verbindung mit den Touren 8 und 10 kann dieser Radwanderweg vom Ausgangspunkt in Dortmund bis zur Grenze nach Niedersachsen bei Rheine gefahren werden. Vereinzelt müssen wegen Kanalbauarbeiten Ausweichrouten genommen werden. Der Radweg führt deshalb stellenweise nicht direkt am Kanal entlang. Die Umleitungen sind ausgeschildert.

Burg Vischering, bei Lüdinghausen

1 Münster

Siehe Tour 7.

2 Kunsthaus Kannen

Museum für Outsider Art und zeitgenössische Kunst

Das Kunsthaus gehört zum Klinik Komplex für Psychiatrie und Psychologie. Die Idee ist, besonders kunstbegabte Langzeitpatienten zu unterstützen und zu fördern. Es sind auch Führungen möglich. Weitere öffentlich zugängliche Attraktionen: Sinnespark, Garten der Stille und die Kräutergärtnerei.

Kunsthaus Kannen
Alexianerweg 9
48163 Münster
Di-So 13-17 Uhr
Eintritt frei
Tel.: 02501-96620112
www.kunsthaus-kannen.de

3 Katholische Pfarrkirche St. Johannes der Täufer

Venner Straße
48308 Senden-Venne
Kirchbau aus dem 13. Jh. mit einer einzigartigen, spät freigelegten ornamentalen Bemalung der Holzdecke aus dem 17. Jh.

4 Schloss Senden

Holtrup 3
48308 Senden
Der Bau der hufeisenförmigen Anlage mit Herrenhaus begann Ende des 15. Jh. und dauerte bis ins 18. Jh. an. Das Schloss ist von einer breiten Gräfte umgeben. Es ist nur eine Außenbesichtigung möglich. Zurzeit wird noch daran gearbeitet, das Schloss wieder instand zu setzen.
Anfragen: info@schloss-senden.de

5 Burg Kakesbeck

Bechtrup 63
59348 Lüdinghausen
Die Wasserburg geht auf einen fränkischen Wehrbauernhof aus der Zeit um 800 zurück. Sie war im 13. Jh. eine voll ausgebaute Wehranlage mit vier Vorburgen. Die derzeitige Größe ist immer noch beachtlich. Auf dieser Burg ist der sagenumwobene Lambert von Oer (Ritter mit dem eisernen Halsband) geboren. Er wurde 1520 durch einen Schmied von einem eisernen Dornenhalsreif befreit, mit dem man den 80-Jährigen in einer Familienfehde erpressen wollte. Ein Blick in das Innere der Burganlage ist nach Voranmeldung möglich.
fuehrungen@burg-kakesbeck.org

6 Seppenrade

Seit 1975 Stadtteil von Lüdinghausen (auf der anderen Seite des Kanals). Bekannt wurde der Ort durch den Fund des bisher größten Ammoniten der Welt (urzeitliches Schalentier). Seppenrade ist mit 700 verschiedenen Rosensorten das dritte Rosendorf Deutschlands. Blütezeit ist hauptsächlich Juni.

7 Lüdinghausen

Reizvolles Städtchen im Münsterland. Quer durch den Ort fließt in mehreren Seitenarmen die Stever (Abwehr gegen Überflutung). Bekanntestes Bauwerk ist die Wasserburg Vischering. Die ungewöhnliche Ringmantelburg beherbergt das Münsterlandmuseum. Einen Steinwurf entfernt liegt die Burg Lüdinghausen (wird von der Stadt genutzt). Auch die spätgotische Kirche St. Felizitas mit ihren reich ausgemalten Fenstern ist einen Besuch wert!

Münsterlandmuseum

Berenbrock 1
59348 Lüdinghausen
Das Museum befindet sich in der Burg Vischering. Die Hauptburg beherbergt eine Ausstellung zur Geschichte der Burg, in der Vorburg werden Sonderausstellungen zur Kunst- und Kulturgeschichte sowie zur zeitgenössischen Kunst gezeigt.
Di-So 10-18 Uhr
5-7,50 Euro, Kinder 3,50 Euro
Tel.: 02591-79900
www.burg-vischering.de

Burg Lüdinghausen

Amthaus 14
59348 Lüdinghausen
Die Burg im Renaissancestil mit Ursprüngen aus dem 12. Jh. wird von der Stadtverwaltung genutzt und für Veranstaltungen vermietet. Teilweise Besichtigung möglich.
April-Okt. Mi-Sa 14-17 Uhr,
So 11-17 Uhr
Eintritt frei
Tel.: 02591-926176
www.burg-luedinghausen.de

Blaudruckerei Schlüter

Münsterstraße 51
59348 Lüdinghausen
Der Werkstattladen bietet Gardinen, Decken, Servietten und mehr. Die Stoffe werden von der Eigentümerin Elke Schlüter selbst bedruckt bzw. gefärbt. Einführung in die Technik des Blaudrucks (hist. Stoffdruckverfahren) nach Absprache.
Di-Fr 10-12 Uhr u. 15-18 Uhr,
Sa 10-14 Uhr
Tel.: 02591-1759
www.blaudruckerei-luedinghausen.de

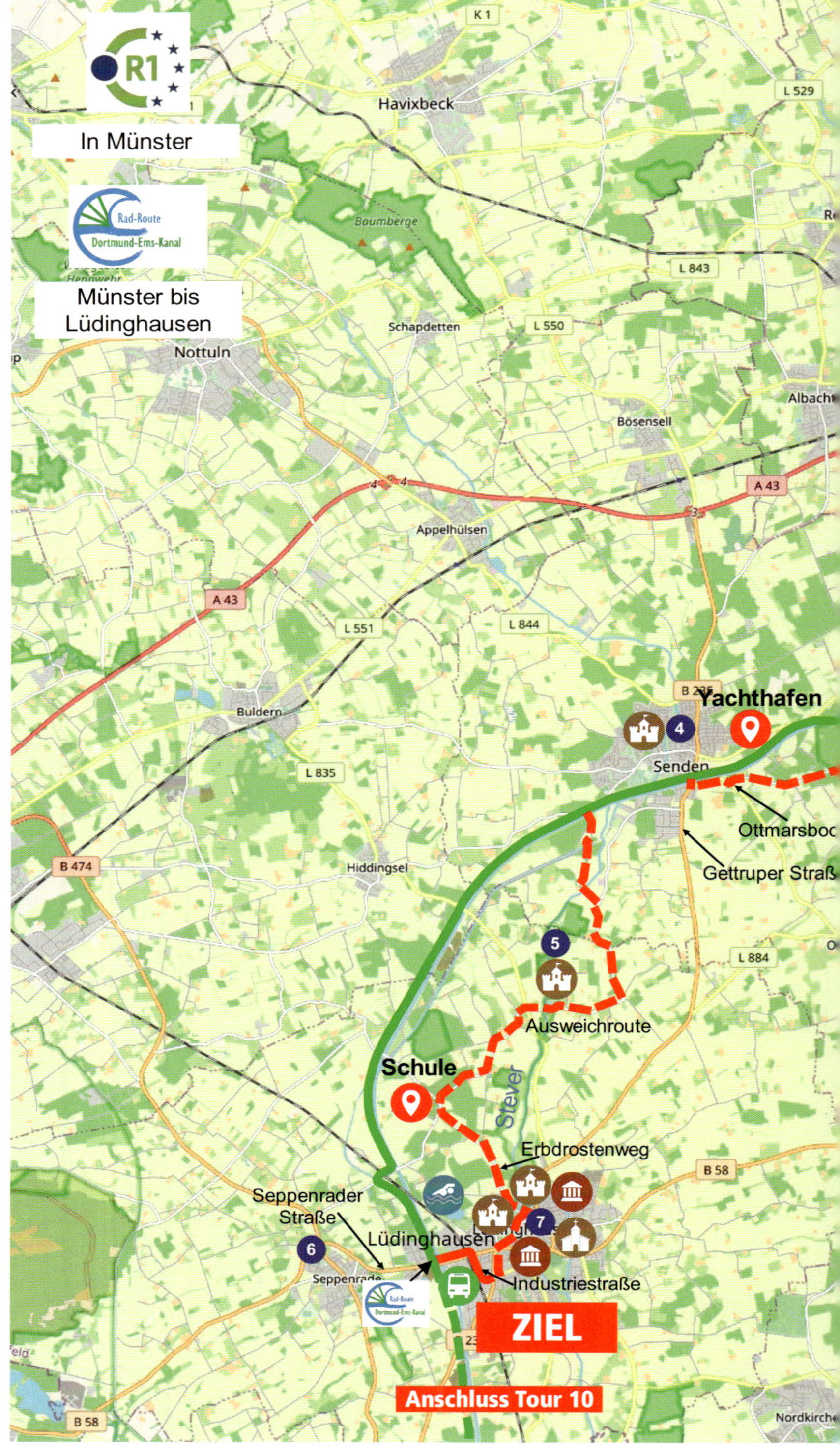

R1
In Münster
Rad-Route
Dortmund-Ems-Kanal
Münster bis
Lüdinghausen
K 1
Havixbeck
L 529
Baumberge
L 843
Schapdetten
L 550
Nottuln
Albach
Bösensell
A 43
Appelhülsen
A 43
L 551
L 844
B 235
Yachthafen
4
Buldern
Senden
L 835
Ottmarsboc
Gettruper Straß
B 474
Hiddingsel
5
L 884
Ausweichroute
Schule
Stever
Erbdrostenweg
B 58
Seppenrader
Straße
7
6
Lüdinghausen
Seppenrade
Industriestraße
ZIEL
Anschluss Tour 10
B 58
Nordkirche

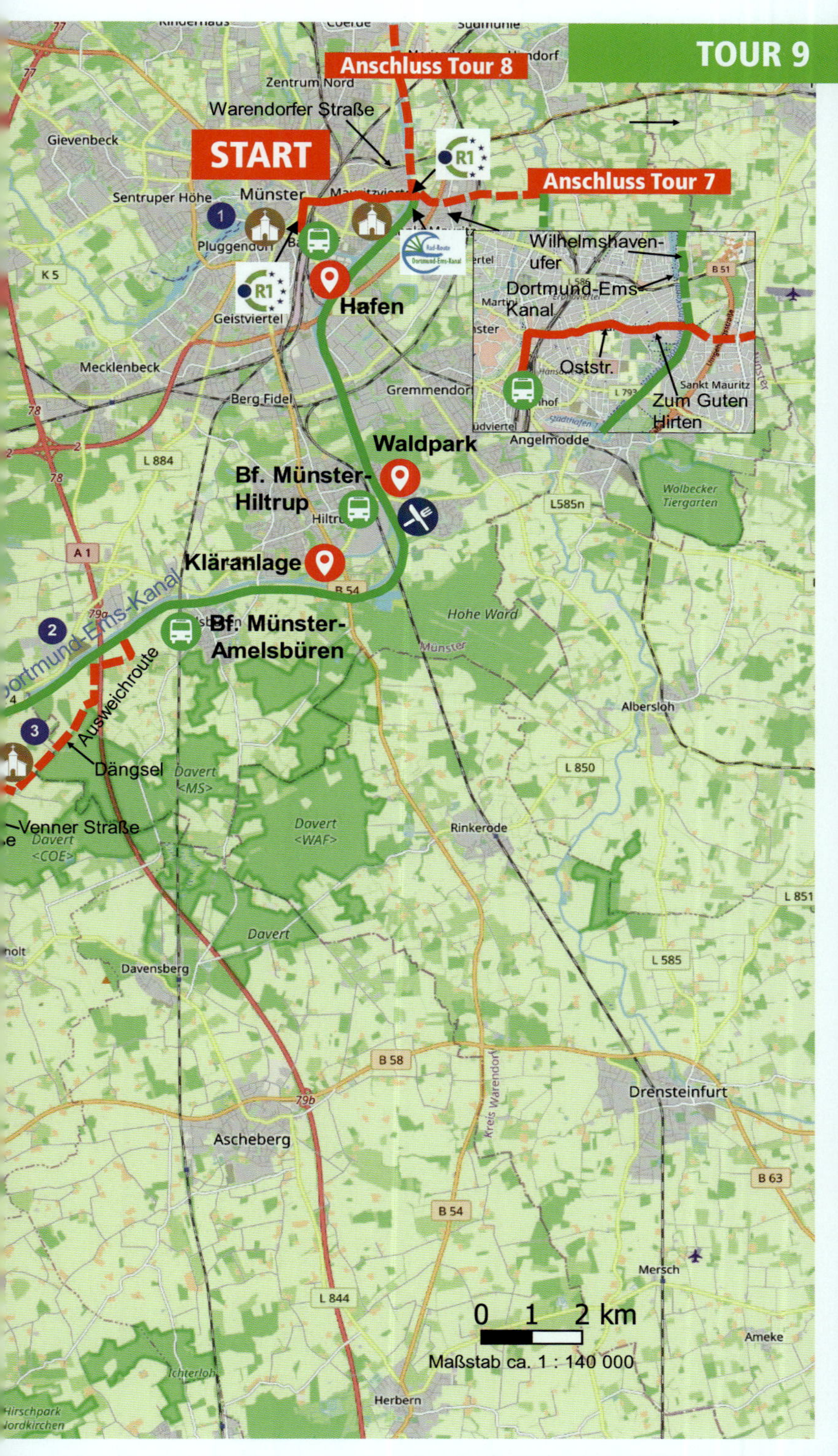

Anschluss Tour 8
Zentrum Nord
Warendorfer Straße
Gievenbeck
START
Anschluss Tour 7
Sentruper Höhe
Münster
1
Pluggendorf
Wilhelmshaven-
ufer
Dortmund-Ems-
Kanal
Hafen
Geistviertel
Oststr.
Zum Guten
Hirten
Sankt Mauritz
Mecklenbeck
Berg Fidel
Gremmendorf
Angelmodde
Waldpark
Wolbecker
Tiergarten
Bf. Münster-
Hiltrup
L 884
L585n
Kläranlage
B 54
Hohe Ward
Dortmund-Ems-Kanal
2
Bf. Münster-
Amelsbüren
Ausweichroute
Albersloh
3
Dängsel
Davert
<MS>
L 850
Venner Straße
Davert
<COE>
Davert
<WAF>
Rinkerode
L 851
Davert
Davensberg
L 585
B 58
Drensteinfurt
Kreis Warendorf
Ascheberg
B 63
B 54
Mersch
L 844
0 1 2 km
Maßstab ca. 1 : 140 000
Ameke
Ichterloh
Herbern
Hirschpark
Nordkirchen

TOUR 10

30 km

leicht

VGM (Lüdinghausen)/VRR (Dortmur

Vom Land in die Großstadt

Von Lüdinghausen nach Dortmund Hbf

Diese Radroute folgt weiter der Dortmund-Ems-Kanal-Route (DEK-Route) nach Süden, wo der Kanal in Dortmund endet. Der Kanal wurde nach siebenjähriger Bauzeit 1899 feierlich eröffnet. Er diente der Entlastung des Güterverkehrs per Bahn, dessen Kapazitäten nicht mehr ausreichten, um die Güter aus dem Ruhrgebiet zu Seehäfen zu transportieren. Herausragendes Zeugnis des Kanalbaus ist das historische Schiffshebewerk Henrichenburg, das Sie auf dieser Tour passieren. Vereinzelt müssen wegen Kanalbauarbeiten Ausweichrouten genommen werden. Der Radweg führt deshalb stellenweise nicht direkt am Kanal entlang. Die Umleitungen sind ausgeschildert.

1 Lüdinghausen + 2 Seppenrade

Siehe Tour 9.

3 Kanalbrücke Alte Fahrt Olfen

Technisch interessantes Bauwerk, mit dem der Kanal über die Lippe geführt wird.

4 Hermann-Grochtmann-Museum

Genthiner Straße 7
45711 Datteln
Das Museum befindet sich in einem 200 Jahre alten westfälischen Bauernhaus. Die kulturgeschichtliche Sammlung zeigt u. a. die ältesten Gussstahlglocken Deutschlands.
Mi-So 11-17 Uhr
Eintritt frei
Tel.: 02363-107362

5 LWL-Industriemuseum Schiffshebewerk Henrichenburg

Am Hebewerk 2
45731 Waltrop
Am 11. August 1899 weihte Kaiser Wilhelm II. das größte Bauwerk am Dortmund-Ems-Kanal ein. 71 Jahre lang trug es – wie ein gigantischer Aufzug – Frachtschiffe bis zu einem Gewicht von 600 Tonnen. Heute ist es ein Industriedenkmal und Museum.
Di-So 10-18 Uhr
1,50-3,50 Euro, Kinder frei
Tel.: 02363-97070
www.lwl-industriemuseum.de

Alter Markt und Reinoldikirche in Dortmund

6 Dortmund

Mit über 590.000 Einwohnern die größte Stadt Westfalens. Im Mittelalter Freie Reichsstadt und Mitglied der Hanse. Von dieser Epoche zeugen die Stadtkirchen St. Reinoldi, St. Marien, Propsteikirche und St. Petri mit ihren wertvollen Innenausstattungen. Die Stadtinfo ist gegenüber vom Hauptbahnhof:

Tel.: 0231-189990
www.dortmund-tourismus.de

Naturmuseum Dortmund

Münsterstraße 271
44145 Dortmund
Lebensgroße Saurier, Aquarium und vieles andere mehr.
Di-So 10-18 Uhr
Eintritt frei (Anmeldung erforderlich)
Tel.: 0231-5024856
www.naturmuseum-dortmund.de

Das Brauerei Museum Dortmund

Brauereimuseum

Steigerstraße 16
44145 Dortmund
Museum über die Geschichte der Dortmunder Brauereiwirtschaft. Dortmund war zwischen 1950 und 1980 die Bierhauptstadt Europas. Nur drei Unternehmen haben überlebt (DAB, Hövels, Bergmann). Auf dem Museumsgelände stand einst die Brauerei Borussia – Namensgeber des Fußballvereins.
Di-Fr u. So 10-17 Uhr, Do 10-20 Uhr,
Sa 12-17 Uhr
Eintritt frei
Tel.: 0231-8400200
www.brauereimuseum.dortmund.de

Architektur- und Industriedenkmal Kokerei Hansa mit hölzernem Löschturm

Kokerei Hansa

Emscherallee 11
44369 Dortmund
Eindrucksvolles Industriedenkmal, das Natur und Technik vereint. In der Kokerei wurde von 1928 bis 1992 Steinkohle zu Koks verarbeitet, den man für die Stahlproduktion benötigt. Heute werden neben technischen Anlagen auch seltene Tier- und Pflanzenarten präsentiert. Teilbesichtigungen sind individuell und mit Audioguide möglich, Gesamtbesichtigungen werden nur im Rahmen einer Führung angeboten.
April-Okt. Di-So 10-18 Uhr,
Nov.-März Di-So 10-16 Uhr
4 Euro, mit Führung 8 Euro,
Kinder unter 12 J. frei
Tel.: 0231-93112233
www.industriedenkmal-stiftung.de

*für Dortmund gilt der Übergangstarif des Westfalentarif

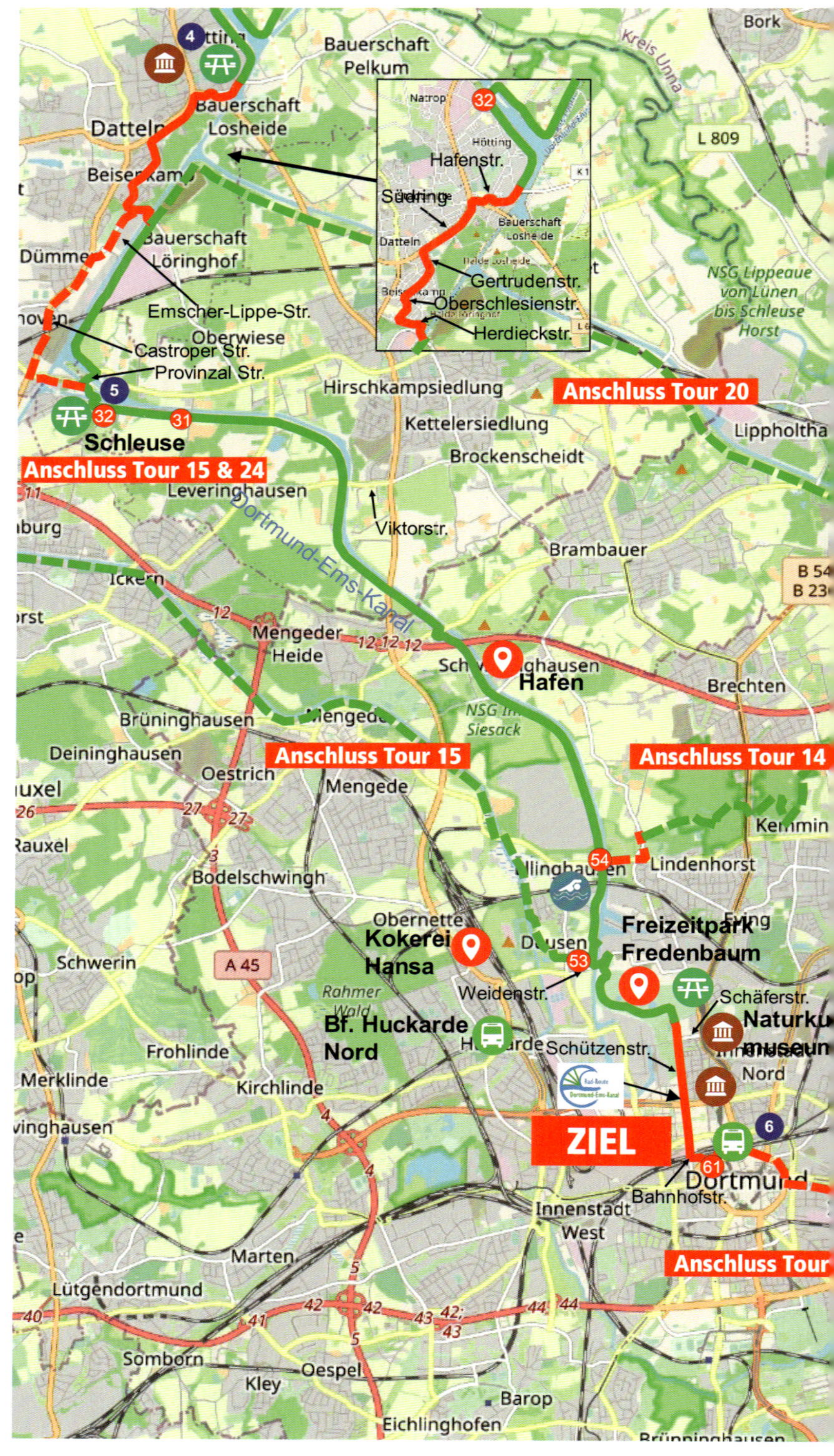

Bauerschaft Pelkum
Bork
Kreis Unna
Datteln
Bauerschaft Losheide
L 809
Natrop
Hötting
Hafenstr.
Südring
Datteln
Bauerschaft Losheide
Gertrudenstr.
Oberschlesienstr.
Herdieckstr.
Beisenkamp
Bauerschaft Löringhof
Emscher-Lippe-Str.
Oberwiese
Castroper Str.
Provinzal Str.
NSG Lippeaue von Lünen bis Schleuse Horst
Hirschkampsiedlung
Anschluss Tour 20
Schleuse
Kettelersiedlung
Brockenscheidt
Lippholtha
Anschluss Tour 15 & 24
Leveringhausen
Dortmund-Ems-Kanal
Viktorstr.
Brambauer
Ickern
Mengeder Heide
Hafen
Brechten
NSG Im Siesack
Brüninghausen
Deininghausen
Oestrich
Anschluss Tour 15
Mengede
Anschluss Tour 14
Kemmin
Lindenhorst
Bodelschwingh
Obernette
Kokerei Hansa
Deusen
Freizeitpark Fredenbaum
Eving
Schwerin
A 45
Rahmer Wald
Weidenstr.
Schäferstr.
Bf. Huckarde Nord
Huckarde
Schützenstr.
Frohlinde
Nord
Merklinde
Kirchlinde
ZIEL
Dortmund
Bahnhofstr.
Innenstadt West
Marten
Anschluss Tour
Lütgendortmund
Somborn
Oespel
Kley
Barop
Eichlinghofen
Brünninghausen

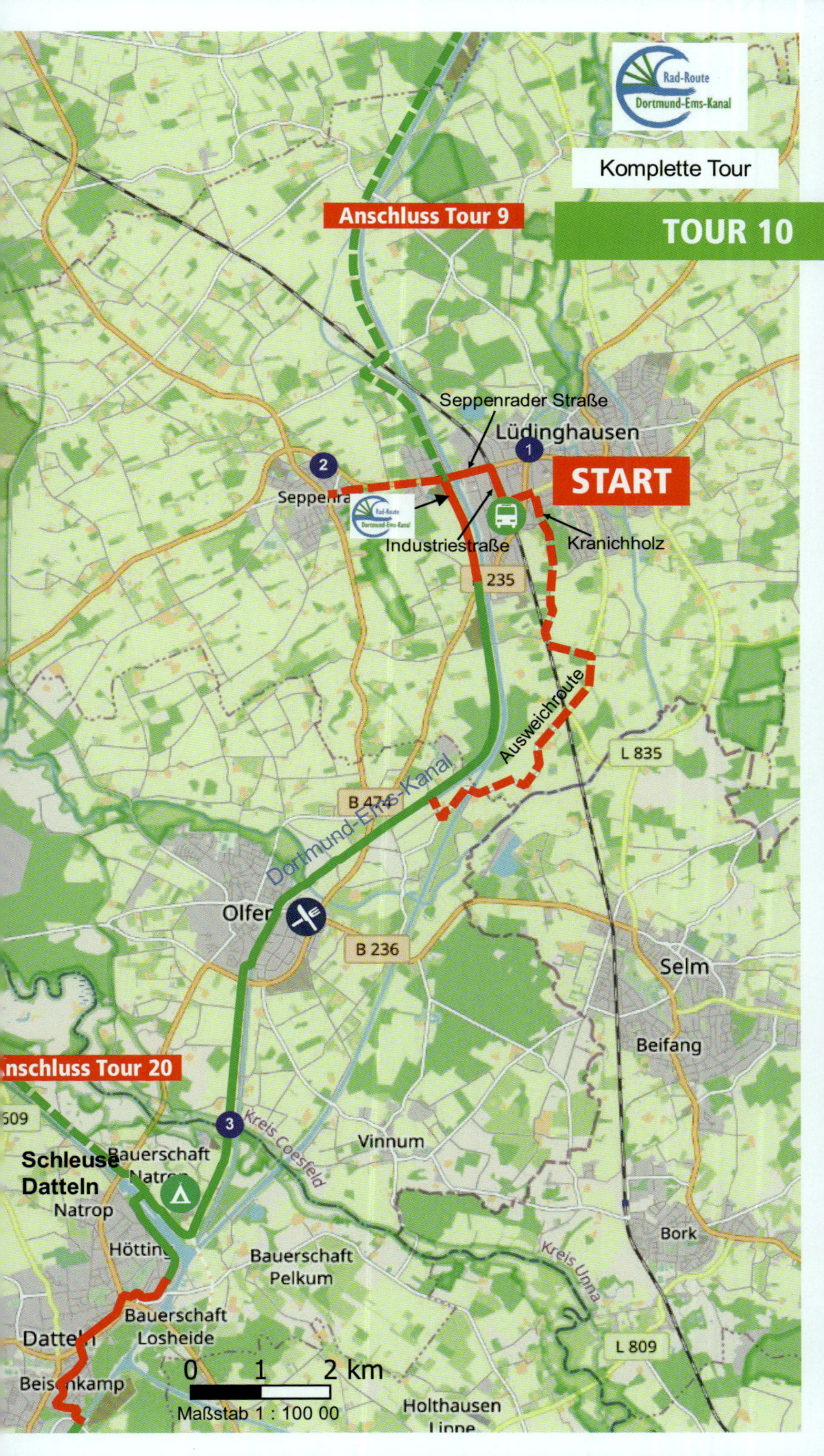
Rad-Route
Dortmund-Ems-Kanal
Komplette Tour
TOUR 10
Anschluss Tour 9
Seppenrader Straße
Lüdinghausen
START
Industriestraße
Kranichholz
235
Ausweichroute
L 835
B 474
Dortmund-Ems-Kanal
Olfen
B 236
Selm
Beifang
Anschluss Tour 20
Kreis Coesfeld
Vinnum
Schleuse Datteln
Bauerschaft Natrop
Natrop
Bork
Kreis Unna
Bauerschaft Pelkum
Bauerschaft Losheide
L 809
0 1 2 km
Maßstab 1 : 100 00
Holthausen

TOUR 11

30 km

leicht

VRR

Auf den Spuren vergangener Stahlindustrie

Von Dortmund Hbf nach Dortmund-Asseln-Mitte

In der Kombination mit den Touren 12, 13 und 14 bietet sich eine große Rundtour an, die weitestgehend durch Dortmund führt. Dabei lernen Sie die unterschiedlichsten Facetten der Großstadt kennen und durchstreifen auch Felder, Wald und Wiesen. Autoverkehr ist hier (fast) Fehlanzeige. Zunächst führt die Tour vom Hauptbahnhof aus gesehen links über die Ringstraße um den Stadtkern und dann nochmals links über die Kaiserstraße langsam aus der Stadtmitte hinaus (zunächst Richtung Aplerbeck halten).

Entspannen am Baudenkmal Hochofenwerk Phoenix-West

Deutsches Fußballmuseum in der City von Dortmund

1 Dortmund Zentrum

Deutsches Fußballmuseum
Königswall 21
44137 Dortmund
Di-Fr 11–17 Uhr, Sa + So 10-17 Uhr
15–17 Euro
Tel.: 0231-22221954
www.fussballmuseum.de

INFO:

Die Dortmunder Stadtinformation (0231-18999-222) befindet sich gegenüber dem Hauptbahnhof. Weitere Info über Dortmund siehe Tour 10 und 15
www.dortmund-tourismus.de

2 Hochofenwerk Phoenix-West

Die Phoenix Werke (Stahl) prägten lange Zeit den Dortmunder Vorort Hörde. Von dieser wahrlich riesigen Industrieanlage steht noch das alte Hochofenwerk mit einem Skywalk und die Phoenixhalle. Diese Industriedenkmäler sind eingebettet in einer Anlage von breiten Boulevards, ausladenden Freitreppen, munter plätschernden Kaskaden und großen Plätzen. Weiter östlich treffen Sie auf den 2010 entstandenen Phoenixsee. Dort steht auch noch das alte Verwaltungsgebäude des Stahlwerks, das im Stil des Historismus als eine Vorburg errichtet wurde.

Skywalk Dortmund auf Phoenix West
meineHeimat.ruhr
Tel.: 0231.39562970

3 Haus Rodenburg (auch Schloss Aplerbeck)

Haus Rodenburg war mehrere Jahrhunderte der Sitz der Grafen von der Mark. Nach Bränden entstand der Adelssitz Ende des 17. Jh. neu. Das barocke Wasserschloss wird heute von der Volkshochschule genutzt. Der Inselbiergarten lädt zu einer Pause ein.

4 Haus Sölde

Haus Sölde ist ein ehemaliges Rittergut aus dem 13. Jh. In den letzten 100 Jahren war der Adelssitz ein landwirtschaftlicher Großbetrieb. Seit ca. 30 Jahren werden die Gebäude als Wohneinheiten genutzt. Park und Haus Sölde sind im privaten Besitz.

5 Dortmund Airport

Der Regionalflughafen ist mit ca. 2,7 Millionen Fluggästen nach Düsseldorf und Köln/ Bonn der drittgrößte Flughafen in NRW (Platz 10 in Deutschland). Von hier starten Flugzeuge insbesondere Ziele in Osteuropa an.

Flughafen-Führungen
7,90–12,90 Euro
Tel.: 0231-39562970
www.meineheimat.ruhr
www.dortmund-airport.de

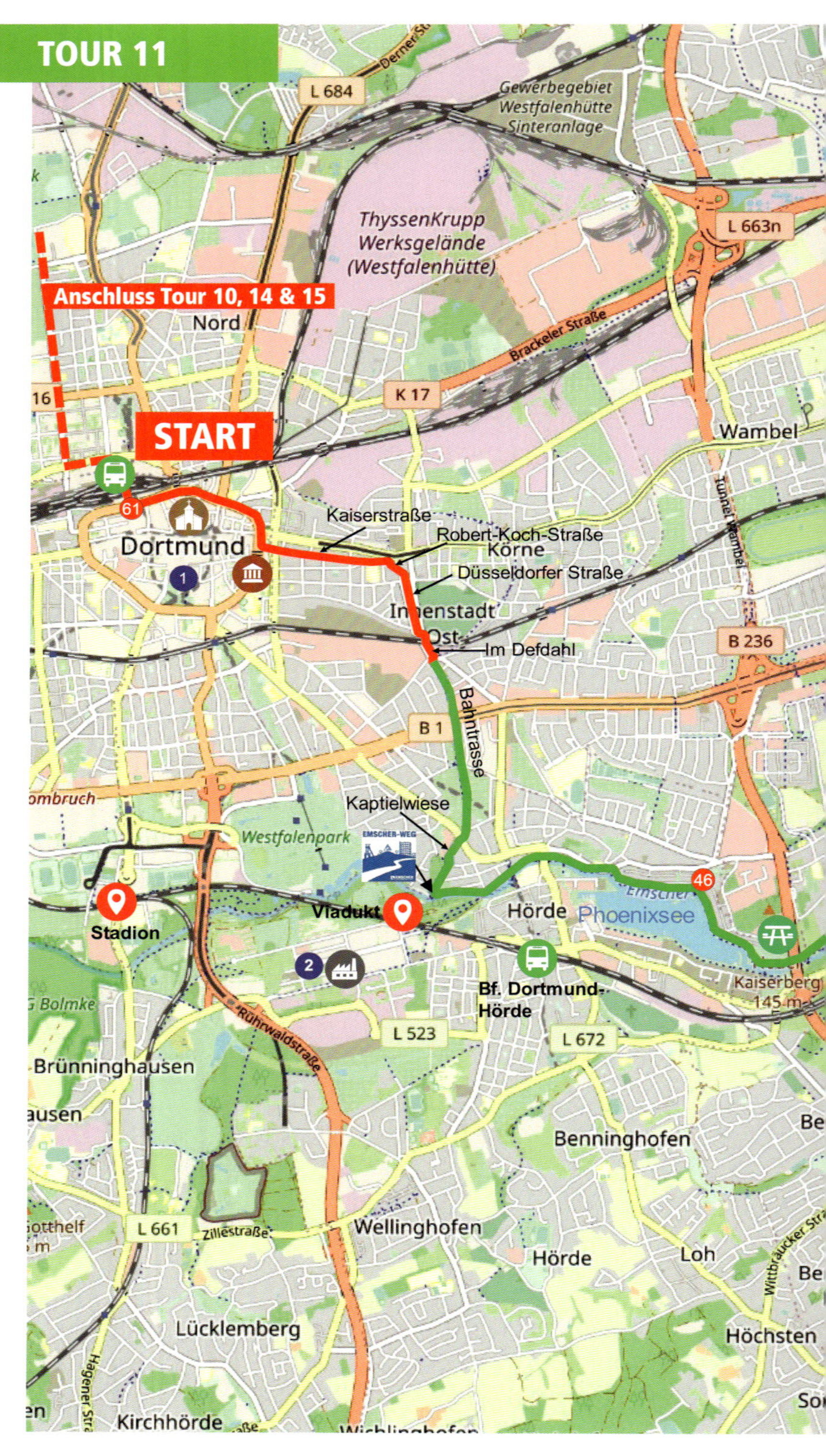

TOUR 11
L 684
Gewerbegebiet Westfalenhütte Sinteranlage
ThyssenKrupp Werksgelände (Westfalenhütte)
L 663n
Anschluss Tour 10, 14 & 15
Nord
Brackeler Straße
K 17
START
Wambel
61
Dortmund
Kaiserstraße
Robert-Koch-Straße
Körne
Düsseldorfer Straße
Innenstadt Ost
Im Defdahl
B 236
Bahntrasse
B 1
Kaptielwiese
Westfalenpark
EMSCHER-WEG
46
Stadion
Viadukt
Hörde
Phoenixsee
Bf. Dortmund-Hörde
Kaiserberg 145 m
L 523
L 672
Brünninghausen
Rührwaldstraße
Benninghofen
L 661
Zillestraße
Wellinghofen
Hörde
Loh
Lücklemberg
Höchsten
Kirchhörde

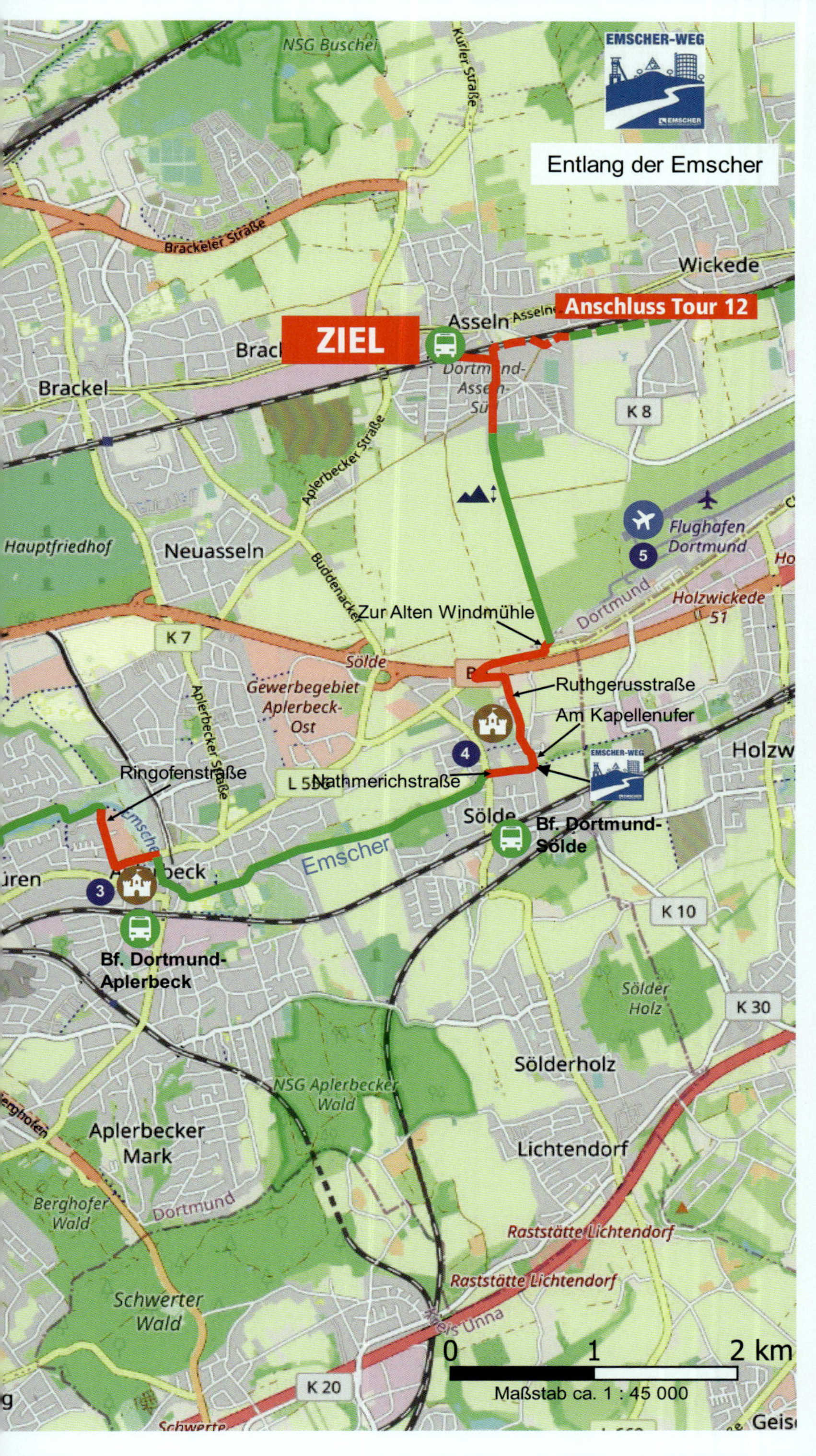
EMSCHER-WEG
Entlang der Emscher
NSG Buschei
Kurler Straße
Brackeler Straße
Wickede
Anschluss Tour 12
ZIEL
Asseln
Brackel
Dortmund-Asseln-Süd
K 8
Aplerbecker Straße
Flughafen Dortmund
5
Hauptfriedhof
Neuasseln
Buddenacker
Zur Alten Windmühle
Holzwickede
K 7
Sölde
Gewerbegebiet Aplerbeck-Ost
Ruthgerusstraße
Am Kapellenufer
4
Holzw
Ringofenstraße
Aplerbecker Straße
L 556
Nathmerichstraße
Sölde
Bf. Dortmund-Sölde
Emscher
3
Bf. Dortmund-Aplerbeck
K 10
Sölder Holz
K 30
Sölderholz
NSG Aplerbecker Wald
Aplerbecker Mark
Lichtendorf
Berghofer Wald
Dortmund
Raststätte Lichtendorf
Raststätte Lichtendorf
Schwerter Wald
Kreis Unna
0
1
2 km
Maßstab ca. 1 : 45 000
K 20
Schwerte
Geis

TOUR 12

25 km

leicht

VRR (Dortmund)/VRL (Bönen)

Wo die englische Queen in die Soester Börde fuhr

Von Dortmund-Asseln-Mitte nach Bönen

Diese Radtour nutzt Radwege, die erst seit ein paar Jahren ausgebaut sind. Zunächst geht es schnurstracks entlang der alten Bahnstrecke der Emschertalbahn, die mal Oberhausen Sterkrade mit Welver verband. In Königsborn, wo die Bahnlinie derzeit endet, wandelt sich die Bahntrasse in den wunderbar ausgebauten Alleenradweg. Diesen fahren Sie bis zu den Punkt, wo der neue Seseke-Radweg beginnt.

! Entgegen der Ausschilderung unterqueren Sie an dieser Stelle links die Bahn, biegen danach direkt rechts in den Wickeder Hellweg (im weiteren Verlauf Brundhildtstraße).

1 Königsborn

Unna Königsborn besitzt eine sehr lange Geschichte des Bergbaus. Seit dem Mittelalter wurde hier Salz gewonnen. Bereits Ende des 18. Jh. kam die erste Dampfmaschine zum Einsatz. Eine Zeitlang war (Bad) Königsborn auch ein beliebter Kurort. Der Radweg passiert den Kurpark, wo noch einige bauliche Zeitzeugen erhalten sind (Windpumpen-Rundturm, Salzsiedehäuser – nahe Kinderklinik, weitere historische Gebäude in der Friedrich-Ebert-Straße).

2 Flierich

In dem kleinen Ort ist noch typische mittelalterliche Architektur zu finden. Um die alte Dorfkirche (bereits über 800 Jahre alt) gruppiert sich eine fachwerkliche Rundbebauung. Vor der Kirche erinnert ein altes Kriegerdenkmal an die Opfer des Preußisch-Österreichischen Krieges (1866) und des Frankreichkrieges (1870–1871). Am benachbarten Dorfplatz ist ein kleines Heimatmuseum in einem Fachwerkbau untergebracht. Am Ortsrand werden Sie überrascht von einem riesigen blauen 12 Meter hohen Stuhl. Schauen Sie mal genau hin, wer da oben auf diesem Riesenstuhl sitzt.

Verein für Heimat und Natur e. V.
Bönen-Flierich
Tel.: 02383 7256

Der Seseke-Radweg

Die Seseke diente jahrzehntelang als offener Schmutzwasserkanal um das Abwasser abzuführen. Geschlossene unterirdische Kanäle sind in dieser Region wegen auftretenden Bergsenkungen (bedingt durch den Bergbau) nicht möglich gewesen. Der Bergbau im Ruhrgebiet ist mit der Schließung des letzten aktiven Bergwerks Prosper-Haniel in Bottrop im Dezember 2018 mittlerweile Geschichte geworden. Die Seseke steht auch als Beispiel des Wandels. Die Zeiten ändern sich. Auch die anschließende Tour 13 nutzt den diesen Radweg.

www.seseke-weg.de

Überdimensionaler Stuhl auf der Wiese eines Privatgartens bei Bönen-Flierich

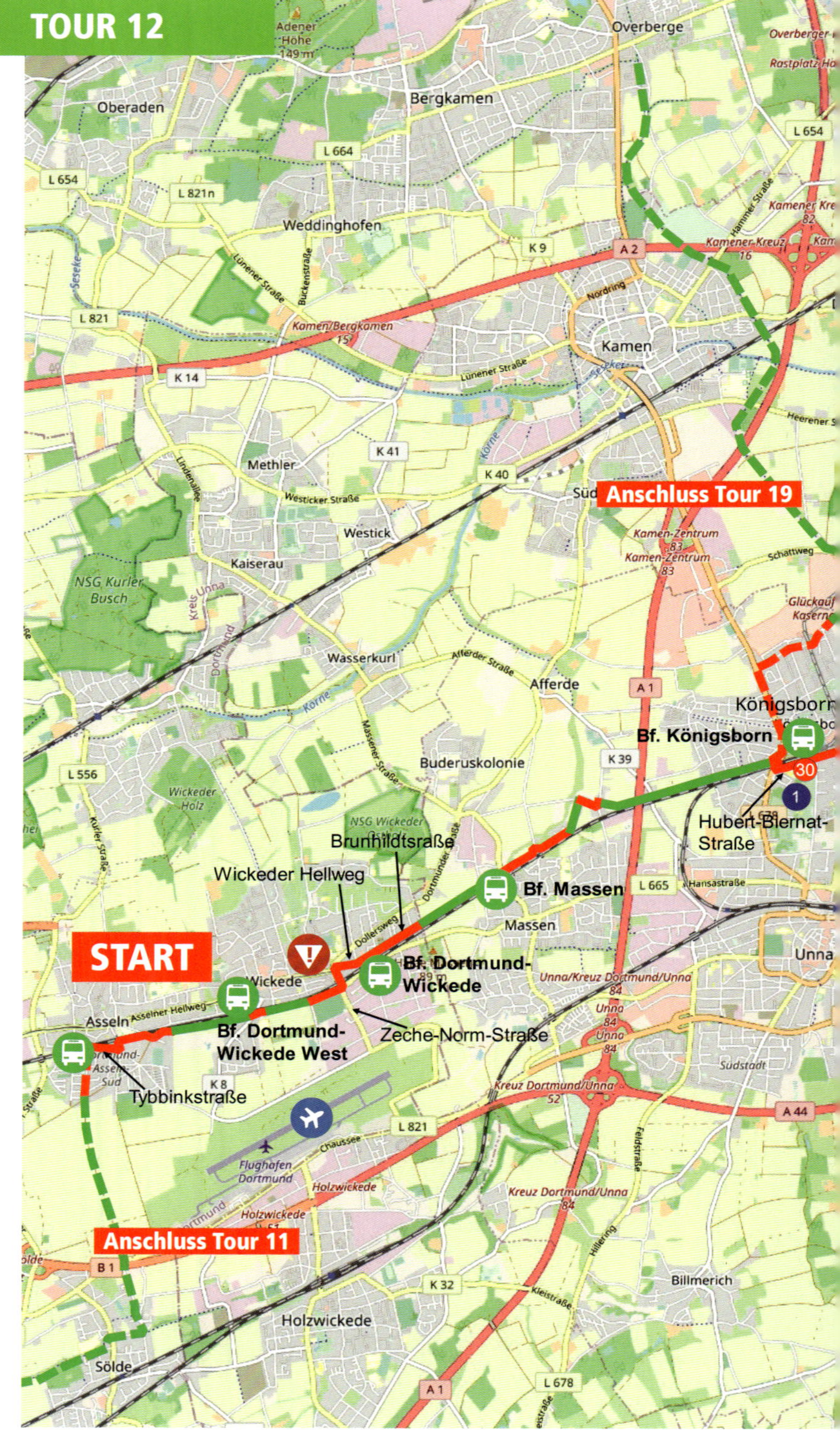

TOUR 12
START
Anschluss Tour 19
Anschluss Tour 11
Bf. Königsborn
Hubert-Biernat-Straße
Bf. Massen
Brunhildtsraße
Wickeder Hellweg
Bf. Dortmund-Wickede
Bf. Dortmund-Wickede West
Zeche-Norm-Straße
Tybbinkstraße
Overberge
Bergkamen
Oberaden
Weddinghofen
Kamen
Methler
Westick
Kaiserau
NSG Kurler Busch
Wasserkurl
Afferde
Königsborn
Buderuskolonie
Massen
Wickede
Asseln
Unna
Südstadt
Flughafen Dortmund
Holzwickede
Billmerich
Sölde

Allenradweg von Königsborn bis Lenningsen
SESEKE-WEG
Hinter Lenningsen bis Bönen
ZIEL
Bönen
Alt-Bönen
Nordbögge
Altenbögge
Westerbönen
Poststraße
Kamener Straße
Flierich
Anschluss Tour 13
Werve
Bramey
Heeren
Lenningsen
Gnadenweg
Allenradweg
NSG Hemmerder Wiesen
Alte Heide
Naturschutzgebiet Uelzener Heide / Mühlhauser Mark
Nordlünern
Lünern
Westhemmerde
Hemmerde
Stockum
Uelzen
Mühlhausen
Werler Straße
Industriegebiet Unna-Ost
Rastplatz Lüner Grund
Rastplatz Grüntal
Siddinghausen
Kessebüren
Ostbüren
Bausenhagen
Frömern
Stentrop
0 1 2 km
Maßstab ca. 1 : 70 000

TOUR 13

24 km

leicht

VRL (Bönen)/VRL (Lünen)*

Entlang der Seseke

Von Bönen nach Lünen Hbf

Auf dieser Tour folgen Sie komplett der Seseke bis zu ihrer Mündung in der Lippe. Vor ca. 10 Jahren ist die Seseke (ein ehemaliger Schmutzwasserkanal) vom Lippeverband aufwendig renaturiert worden. Unterwegs erwarten Sie sieben Kunststandorte des Landschaftskunstprojekts „Über Wasser gehen", die sich auch wunderbar als interessante Fotomotive eignen. An der Lippe angekommen haben Sie dort Anschluss an vier weiteren Touren (siehe Tour 14, 18, 19 oder 20)

1 Schachtanlage Königsborn III/IV

Weithin sichtbares Wahrzeichen der Gemeinde Bönen ist der 1929 errichtete 58 Meter hohe Förderturm der ehemaligen Schachtanlage. Der Baustil wirkt schon fast modern und stand damals für den aufkommenden Funktionalismus.

Turmführungen durch die Bürgerstiftung: 02383-8659 oder 9182705
www.foerderturm-boenen.de

Der Förderturm der ehemaligen Schachtanlage Königsborn III/IV

2 Haus Heeren

Das Herrenhaus mit Vorburg stammt aus dem Anfang des 17. Jh. Eine solche architektonische Geschlossenheit einer Anlage ist heute selten zu finden. Der Herrensitz befindet sich im Privatbesitz der Familie von Plettenberg-Heeren.

Haus Heeren
Heerener Str. 177
59174 Kamen

Besichtigungsmöglichkeit jeden 1. und 3. So 16 + 17.30 Uhr
Tel.: 02307-9857933
www.schloss-heeren.de

3 Kamen

Kamen ist Deutschlandweit bekannt durch das Kamener Kreuz, wo sich die beiden verkehrsreichen Autobahnen 1 und 2 kreuzen – im Volksmund „der größte Wallfahrtsort Deutschlands". Sie als Fahrradfahrer werden ein anderes Kamen entdecken. Am Ortseingang passieren die Sesekebrücke (erbaut 1846), eine der ältesten noch in Betrieb befindlichen und weitgehend im

Originalzustand erhaltenen Eisenbahnbrücke von Deutschland. Schon bald sehen Sie auch das Wahrzeichen Kamens – dem schiefen Turm der Paulus Kirche. Der romanische Turm stammte noch aus dem 11. Jh. Im Stadtzentrum wurde der Flusslauf der Seseke parkähnlich ausgebaut. Im weiteren Verlauf der Tour passieren Sie den markanten Förderturm Grillo 1 der ehemaligen Zeche Monopol (zeitweise die größte Zeche des Ruhrgebiets). Jetzt befindet sich auf dem Zechengelände die Gartenstadt Seseke-Aue.

Museum Haus der Stadtgeschichte
Bahnhofstr. 21
59174 Kamen
Di-Do 10-12 Uhr und 14-17 Uhr,
Fr 10-12 Uhr, So 14-17 Uhr
Eintritt frei
Tel.: 02307-553412
www.stadt-kamen.de

4 Römerlager Oberaden

Römer in Westfalen? Vor über 2000 Jahren versuchten die Römer in mehreren Feldzügen Germanien zu unterwerfen, um dauerhaft eine neue römische Provinz Germania magna zu gründen. Dieses Vorhaben scheiterte allerdings. Bekannt ist die verlustreiche Schlacht im Teutoburger Wald (oder Varus Schlacht). Von größter strategischer Bedeutung war damals das große Militärlager in Oberraden, wo zeitweise 12.000 Soldaten und Hilfstruppen stationiert waren. Unweit des Lagers entdeckte man auch Spuren einer alten germanischen Siedlung. Indizien für die bedeutenden archäologischen Funde waren übrigens alte Flurnamen, welche die Erinnerung an die uralten Ereignisse über die vielen Jahrhunderte in der Neuzeit transportierten.
Stadtmuseum Bergkamen
Jahnstraße 31
59192 Bergkamen
Di-Fr 11-13 Uhr u. 14-17 Uhr,
Sa 14-17 Uhr, So 11-17 Uhr
3 Euro, Gruppen (ab 10) 50 % Ermäßigung
Tel.: 02306-3060210
www.stadtmuseum-bergkamen.de

Seepark Lünen

5 Seepark

Der 60 ha große Park mit dem Horstmarer See (Bademöglichkeit) lädt mit seinen großen Liegewiesen zur Pause ein. Kennen Sie schon Disc Golf? Dann bringen Sie Ihre Disc Scheibe mit. Hier befindet sich die größte Anlage in Deutschland. Am Seenpark treffen sich mehrere Touren. Sie können in drei verschiedenen Richtungen weiterfahren.
ganzjährig geöffnet
Eintritt frei
www.luenen.de/tourismus

6 Lünen

Auf dem Weg nach Lünen passieren das Schloss Schwansbell, dessen Ursprünge auf das 12. Jh. zurückgehen. Die beiden achteckigen Türme stammen aus dem 19. Jh. In der Stadtmitte lohnt sich eine Stippvisite ins alte Quartier von Lünen, wo noch einige Fachwerkhäuser erhalten sind.

Museum der Stadt Lünen (im Gesindehaus)
Wohnkultur zwischen 1840 und 1930
Schwansbeller Weg 32
44532 Lünen
Museum: April-Sept. Di-Fr 14-18 Uhr,
Sa/So 13-18 Uhr;
Okt.-März Di-Fr 14-17 Uhr,
Sa/So 13-17 Uhr
Eintritt frei
Tel.: 02306-497441
www.luenen.de/museen

*VRL (Bahnhof Lünen, VRR-Übergangstarif)

TOUR 13
L 507
K 19
Kohuesholz
Cappenberg
B 54
Langern
NSG Lippeaue von Werne bis Heil
Anschluss Tour 18
Alstedde
Nordlünen
ZIEL
Lippe
Lünen
Datteln-Hamm-Kanal
Oberaden
Geistviertel
Merschstraße
Beckinghausen
Kuhbachweg
Anschluss Tour 20
Osterfeld
Weddinghof
B 54
B 236
Niederaden
Seseke
Bf. Preußen
Gahmen
Lanstrop
Methler
Anschluss Tour 14
Kaiserau
NSG Kurler Busch
Hostedde
Kemminghausen
Kirchderne
Scharnhorst
L 556
Wickede
Asseln
Brackel
Brackel
Wambel
Neuasseln
Innenstadt Ost
B 236
Holzwickede

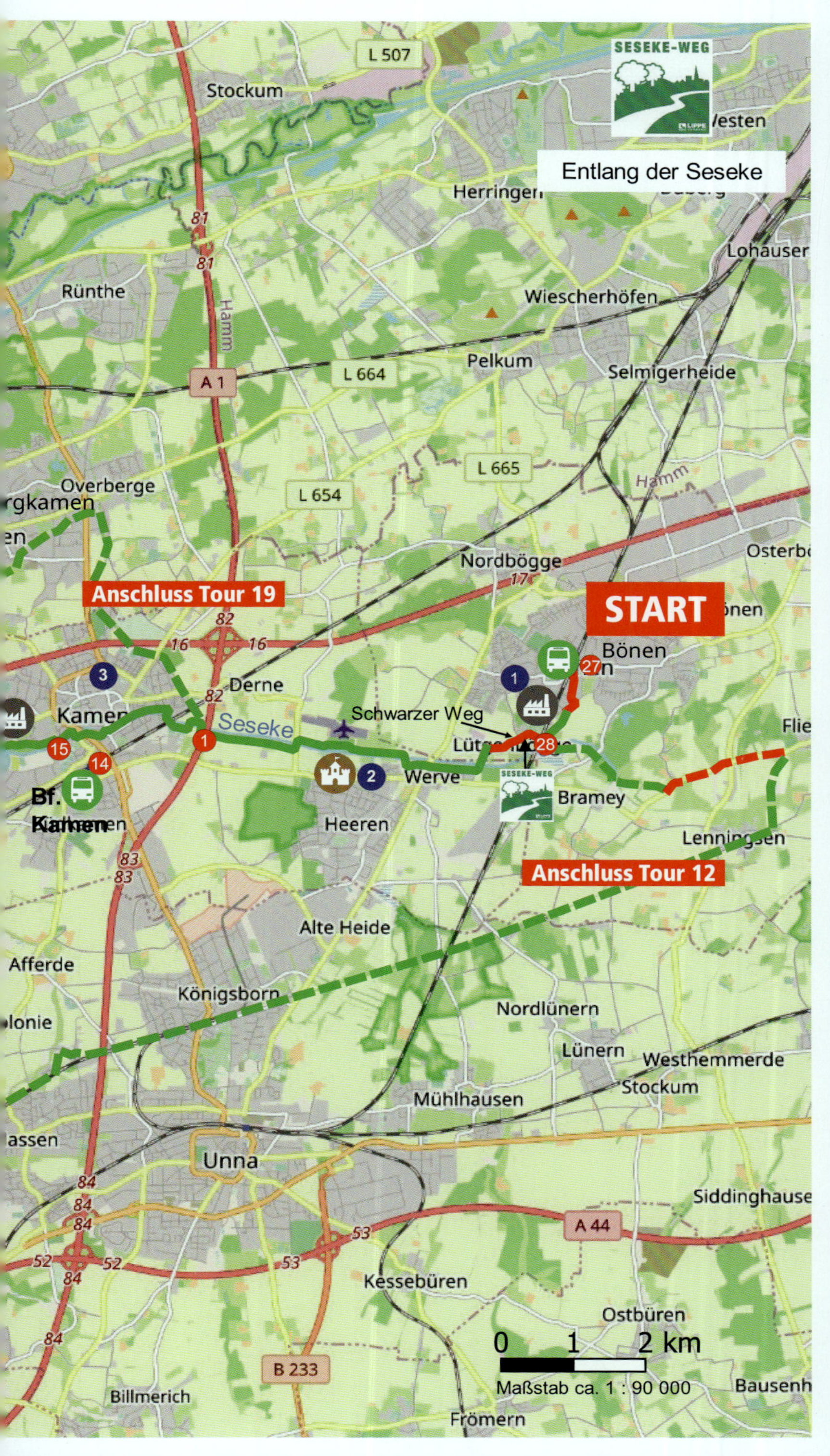
SESEKE-WEG
Entlang der Seseke
START
Anschluss Tour 19
Anschluss Tour 12
Schwarzer Weg
Seseke
Stockum
Herringen
Rünthe
Wiescherhöfen
Lohauser
Pelkum
Selmigerheide
Overberge
Nordbögge
Osterbö
Bönen
Derne
Kamen
Bf. Kamen
Werve
Heeren
Bramey
Lenningsen
Flie
Alte Heide
Afferde
Königsborn
Nordlünern
Lünern
Westhemmerde
Stockum
Mühlhausen
Unna
Siddinghause
Kessebüren
Ostbüren
Billmerich
Frömern
Bausenh
L 507
L 664
L 665
L 654
A 1
A 44
B 233
0 1 2 km
Maßstab ca. 1 : 90 000

TOUR 14

23 km

leicht

VRL (Lünen)*/VRR (Dortmund)

Die grüne Seite von Dortmund

Von Lünen Hbf nach Dortmund Hbf

Die beiden Städte Lünen und Dortmund sind schon längst zusammengewachsen und bilden eine riesige Stadtlandschaft. Soll man also mit dem Fahrrad von Lünen nach Dortmund-Zentrum fahren? Diese Tour führt über ruhige Wege durch Außenbezirke von Dortmund und anschließend entlang des Dortmund-Ems-Kanals in die Stadtmitte. Dabei durchqueren Sie sogar drei Naturschutzgebiete.

Schloss Schwansbell in Lünen ist ein altes westfälisches Wasserschloss

1 Lünen und Schloss Schwansbell

Siehe Tour 19

2 Siedlung „Am Kanal“

Diese Arbeitersiedlung wurde in den 20ziger Jahren als Gartenstadt mit 700 Wohneinheiten für die Arbeiter der nahegelegenen Zechen errichtet. Die sehenswerte Siedlung besticht durch die liebevolle Ausprägung von Baudetails (insbesondere das Torhaus am Haupteingang der Kösterstraße).

Auffälliger Bestandteil der Siedlung Am Kanal ist das Torhaus am Haupteingang. Es zeigt ein Relief mit fünf Bergarbeitern in typischen Untertage-Tätigkeiten.

Arbeitersiedlung Ziethenstraße, eine typische Kolonie mit 52 Häusern in gleicher Gestaltung

3 Siedlung an der Ziethenstraße

Diese Arbeitersiedlung ist um die Jahrhundertwende für die Arbeiter der Zeche Preußen entstanden. Sie besteht aus 52 gut erhaltenen, schlichten Ziegelhäusern.

Industriedenkmal Kokerei Hansa in Dortmund-Huckarde

4 Kokerei Hansa

Die Kokerei verarbeitete die Steinkohle der umliegenden Zechen in Koks (bis zu 5000 Tonnen täglich). Die komplette über 10 ha große Anlage ist noch erhalten. In dieser Industrieanlage ist alles gigantisch. Die Kokerei ist auch Sitz der Industriedenkmalstiftung.

Kokerei Hansa
Emscherallee 11
44369 Dortmund
Besichtigung nur im Rahmen einer Führung möglich
April-Okt. Di-So 10-18 Uhr,
Nov.-März Di-So 10-16 Uhr
4 Euro, mit Führung 8 Euro, Kinder unter 12 J. frei
Tel.: 0231-93112233
www.industriedenkmal-stiftung.de

5 Naturmuseum Dortmund

Nach umfangreicher Gebäudesanierung und -modernisierung präsentiert sich das Museum seit 2020 in völlig neuen Räumen. Auf rund 2000 qm Ausstellungsfläche zeigt das 100 Jahre alte Museum seine Schätze aus umfangreichen Sammlungen (heimische Tierwelt, versteinertes Skelett eines Fischsauriers, leuchtende UV-Minerale usw.)

Naturmuseum Dortmund
Münsterstr. 271
44145 Dortmund
Di-So 10-18 Uhr
Eintritt frei (Anmeldung erforderlich)
Tel.: 0231 50-24856
www.naturmuseum-dortmund.de

6 Dortmund

Den Hauptbahnhof von Dortmund erreichen Sie bei dieser Tour über den Nordeingang. Die Innenstadt mit seinen Sehenswürdigkeiten liegt auf der anderen Seite des Bahnhofs (siehe auch Tour 10 und Tour 15).
Tel.: 0231-189990
www.dortmund-tourismus.de

*VRL (Bahnhof Lünen, VRR-Übergangstarif)

START
ZIEL
Anschluss Tour 13, 18 & 19
Anschluss Tour 20
Anschluss Tour 10 & 15
Anschluss Tour 11
Vom Datteln-Hamm-Kanal bis zum Dortmund-Ems-Kanal
Rad-Route Dortmund-Ems-Kanal
Vom Dortmund-Ems-Kanal bis zum Ziel
Datteln-Hamm-Kanal
Bahntrasse
Freizeitpark Fredenbaum
Neuholthauser Weg
NSG
Bf.Preußen
Holthausen Lippe
Industriegebiet Im Wirrigen
NSG Lippeaue von Lünen bis Schleuse Horst
Alstedde
Wethmar
Geistviertel
Lippholthausen
Osterfeld
Brambauer
Gahmen
Brechten
Kemminghausen
Kirchderne
Eving
Innenstadt Nord
Dortmund
Innenstadt West
Innenstadt Ost
Wambel
Neuassel
Hörde
Barop
Brünninghausen
Benninghofen
Aplerbecker
B 54
B 236
0 1 2 km
Maßstab ca. 1 : 90 000

TOUR 15

37 km

leicht

VRR

Wasserstraßen um Dortmund

Rundkurs vom und zum Dortmunder Hbf

Rund 3 km nördlich der Dortmunder City geht es während der gesamten Tour am Wasser entlang. Sie verlassen die Stadt auf der Dortmund-Ems-Kanal-Route (DEK) und erreichen Dortmund wieder über den Emscher-Weg (www.eglv.de). Vom Hauptbahnhof aus rechts zur Unterführung. Dort den Schildern der Radwanderroute Dortmund-Ems-Kanal folgen (Brinkhoffstraße, im weiteren Verlauf Schützenstraße).

1 Dortmund

Nach Köln und Düsseldorf ist Dortmund (ca. 590.000 Einw.) die drittgrößte Stadt in NRW und wichtigster Verkehrsknotenpunkt im östlichen Ruhrgebiet. Stahl, Kohle, das Dortmunder Bier und natürlich der Fußballverein BVB Borussia Dortmund haben die Großstadt international bekannt gemacht.

Institut für Zeitungsforschung

Max-von-der-Grün-Platz 1-3
44122 Dortmund
Das Institut besitzt ein riesiges Archiv mit journalistischen Nachlässen und Monografien zum Thema Publizistik (Institut liegt am Hauptbahnhof).
Di/Mi, Fr 10-16 Uhr, Do 13-16 Uhr
Tagesausweis 2 Euro
Tel.: 0231-5023221
www.zeitungsforschung.dortmund.de

Dortmunder U

Leonie-Reygers-Terrasse
44137 Dortmund
Einst als Kellerhochhaus der Dortmunder Union-Brauerei gebaut, ist es heute ein Zentrum für Kunst und Kreativität. An der Dachaußenfassade zeugt davon die Filminstallation Fliegende Bilder von Regisseur Adolf Winkelmann, entworfen für das Kulturhauptstadtjahr Metropole Ruhr 2010. Das Schauspiel kommt besonders gut in der Nacht zur Geltung.

Dortmunder U mit U-Turm Bilderuhr

Di/Mi 11-18 Uhr, Do/Fr 11-20 Uhr,
Sa/So 11-18 Uhr
Tel.: 0231-5024723
www.dortmunder-u.de

Altes Hafenamt mit Gastronomie

Altes Hafenamt

Sunderweg 130
44147 Dortmund
Schon von Weitem lockt das Alte Hafenamt Besucher an. Das Gebäude steht unter Denkmalschutz.
www.dortmunder-hafen.de

Alte Kolonie Eving

Friesenstraße/Körnerstraße/Nollendorfplatz
44339 Dortmund-Eving
Die heute denkmalgeschützte Arbeitersiedlung wurde in den Jahren 1898 bis 1900 für die Arbeiter der Zeche Vereinigte Stein und Hardenberg gebaut. Zentrum der Siedlung ist das Wohlfahrtsgebäude Kolonie Eving am Nollendorfplatz.

Mengeder Heide

Dortmund-Mengede
Eichen, Erlen, Birken und Pappeln bevölkern das 17 ha große Naturschutzgebiet und dienen den verschiedenen Tierarten – von Vögeln bis Fröschen – als unentbehrlicher Lebensraum.

2 Schleusenpark Waltrop

Recklinghäuser Straße 320 A
45731 Waltrop
Zwei stillgelegte Schiffshebewerke (von 1899 und 1962) und zwei Schleusen (von 1914 und 1989) stehen hier dicht nebeneinander und können ebenso besichtigt werden wie mehrere alte Kanalschiffe (siehe auch Tour 10).

3 Kokerei Hansa

Siehe Tour 10.

Schiffshebewerk Henrichenburg in Waltrop

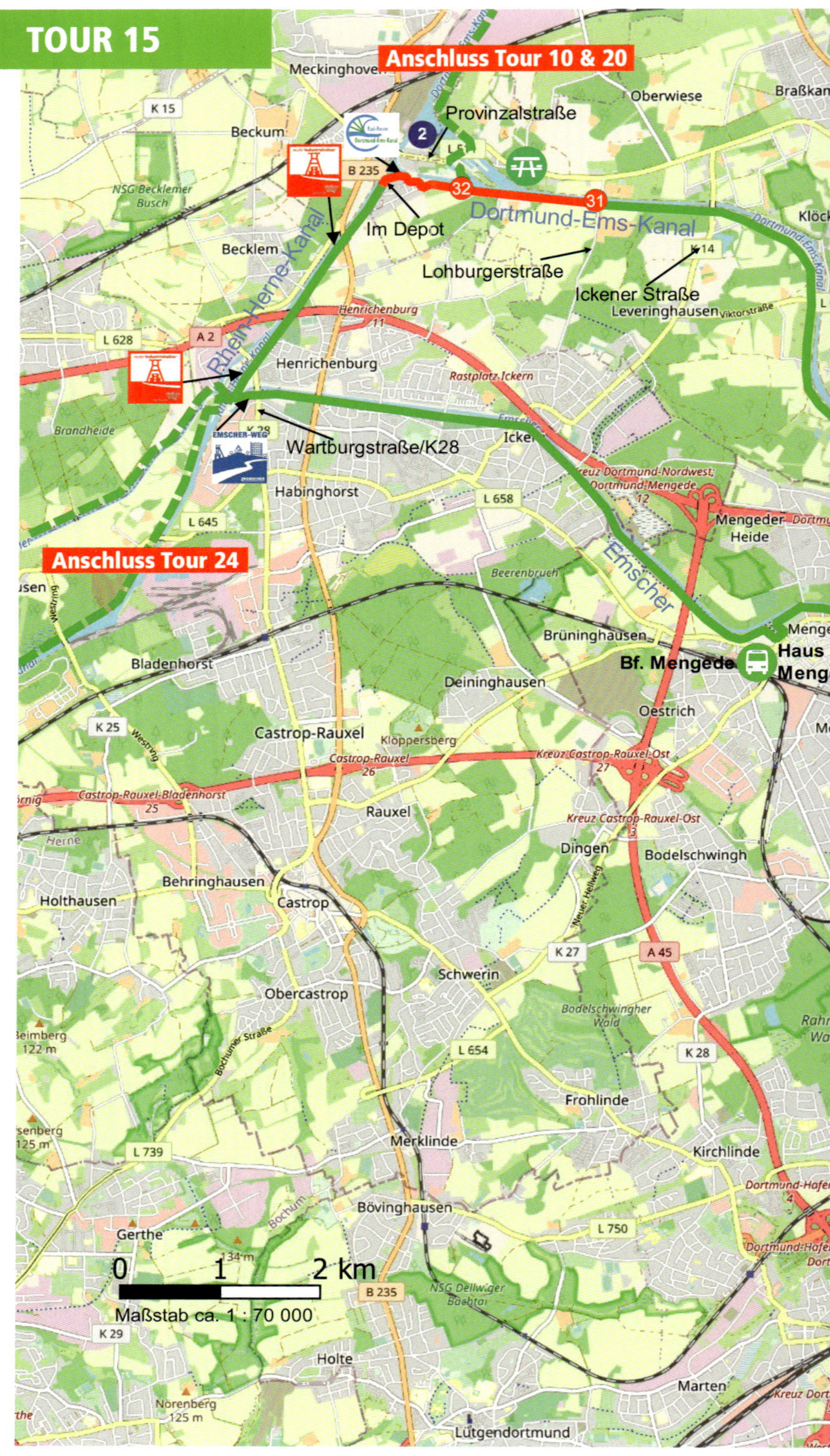
TOUR 15
Anschluss Tour 10 & 20
Provinzalstraße
Im Depot
Dortmund-Ems-Kanal
Lohburgerstraße
Ickener Straße
Rhein-Herne-Kanal
Wartburgstraße/K28
Anschluss Tour 24
Bf. Mengede
Haus Mengede
Emscher
Meckinghoven
Beckum
Becklem
Henrichenburg
Habinghorst
Leveringhausen
Oberwiese
Brandheide
Bladenhorst
Castrop-Rauxel
Rauxel
Deininghausen
Brüninghausen
Oestrich
Dingen
Bodelschwingh
Behringhausen
Holthausen
Castrop
Obercastrop
Schwerin
Frohlinde
Merklinde
Kirchlinde
Bövinghausen
Gerthe
Holte
Marten
Lütgendortmund
Mengeder Heide
Beerenbruch
Klöppersberg
Bodelschwingher Wald
NSG Dellwiger Bachtal
Nörenberg 125 m
134 m
0 1 2 km
Maßstab ca. 1 : 70 000

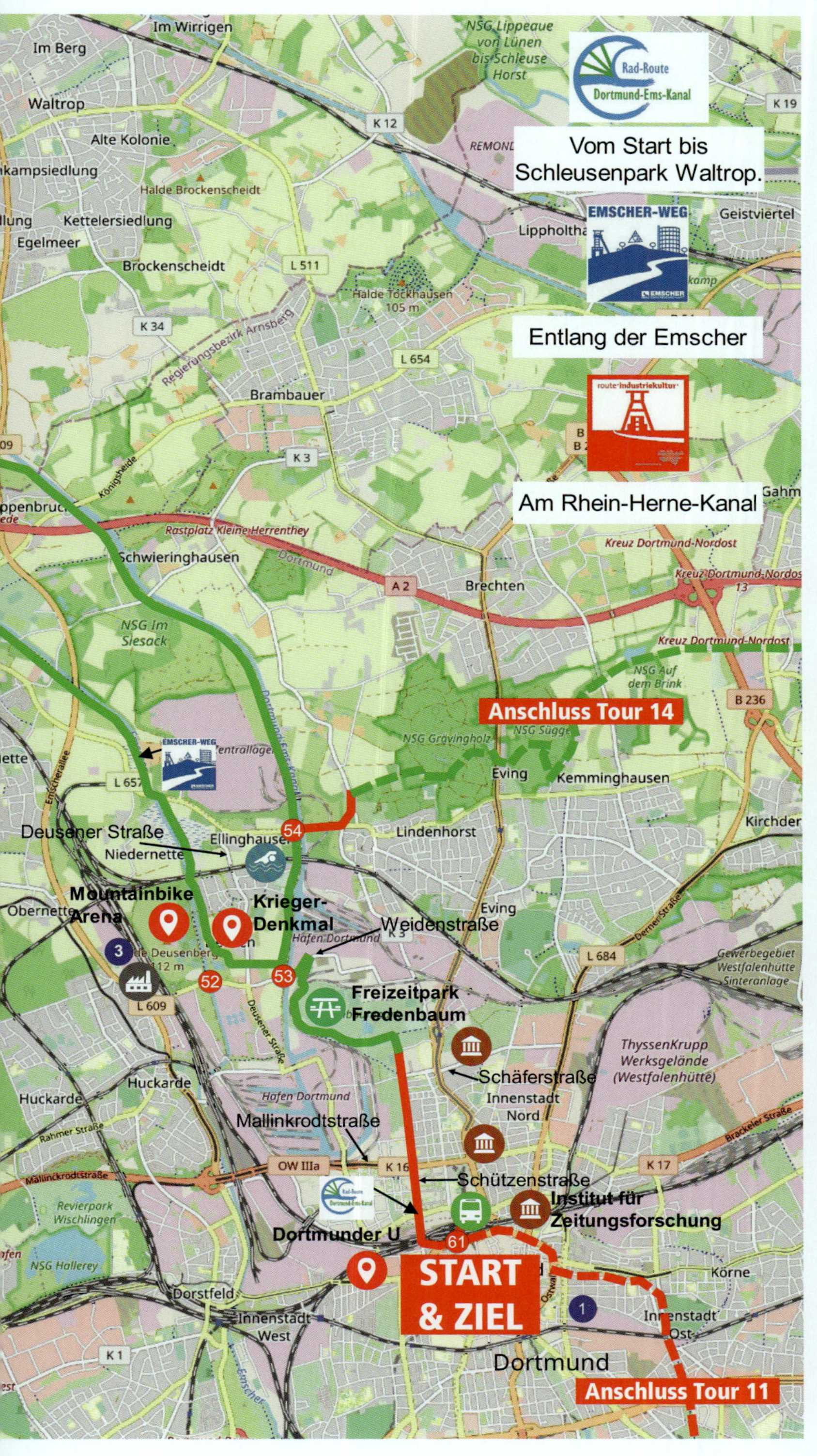
Rad-Route Dortmund-Ems-Kanal
Vom Start bis Schleusenpark Waltrop.
EMSCHER-WEG
Entlang der Emscher
route industriekultur
Am Rhein-Herne-Kanal
Anschluss Tour 14
Deusener Straße
Niedernette
Mountainbike Arena
Krieger-Denkmal
Weidenstraße
Freizeitpark Fredenbaum
Schäferstraße
Mallinkrodtstraße
Schützenstraße
Institut für Zeitungsforschung
Dortmunder U
START & ZIEL
Anschluss Tour 11
54
53
52
61
Im Wirrigen
Im Berg
Waltrop
Alte Kolonie
Kettelersiedlung
Egelmeer
Brockenscheidt
Halde Brockenscheidt
Halde Tockhausen 105 m
Brambauer
Lippholthausen
Geistviertel
Schwieringhausen
Rastplatz Kleine Herrenthey
Brechten
Kreuz Dortmund-Nordost
NSG Im Siesack
NSG Gravingholz
NSG Süggel
NSG Auf dem Brink
Eving
Kemminghausen
Lindenhorst
Ellinghausen
Obernette
Huckarde
Hafen Dortmund
ThyssenKrupp Werksgelände (Westfalenhütte)
Gewerbegebiet Westfalenhütte Sinteranlage
Innenstadt Nord
Revierpark Wischlingen
NSG Hallerey
Dorstfeld
Innenstadt West
Dortmund
Innenstadt Ost
Körne
Kirchderne
NSG Lippeaue von Lünen bis Schleuse Horst
A 2
B 236
K 12
K 19
L 511
K 34
L 654
K 3
L 657
L 609
L 684
OW IIIa
K 16
K 17
K 1

TOUR 16

15 km

leicht

VRR

Der Rheinische Esel

Von Dortmund-Löttringhausen nach Bochum-Langendreer-Nord

Vom Bahnhof Löttringhausen aus wenden Sie sich nach rechts. Nach knapp 200 m treffen Sie auf die ehemalige Bahntrasse. Dieses wichtige Verbindungsstück im südlichen Ruhrgebiet wurde 1880 in Betrieb genommen und 2006 endgültig stillgelegt. Mittlerweile wurde die Trasse zu einem Rad- und Wanderweg ausgebaut und stellt eine angenehm zu fahrende Route vom Ardeygebirge ins Ruhrtal dar. Früher wurde die Strecke auch von Marktfrauen genutzt, die vollgepackt mit Körben, Eierkisten und Hühnern die umliegenden lokalen Märkte aufsuchten. Daher rührt die volkstümliche Bezeichnung Rheinischer Esel.

Der prachtvolle Jugendstilbau Bahnhof Langendreer

Haus Witten

1 Märkisches Museum

Husemannstraße 12
58452 Witten
4.500 Gemälde, Skulpturen und Grafiken des 20. Jh.
Mi, Fr, Sa/So 12-18 Uhr
2-4 Euro
Tel.: 02302-5812550
www.kulturforum-witten.de/maerkischesmuseumwitten

Haus Witten

200 m weiter an der Ruhrstraße 86: Ende des 15. Jh. wurde die Burg wiederholt zerstört, heute dient sie – mit moderner Fassade – als Kulturforum.
www.kulturforum-witten.de

2 Bochum-Langendreer

Langendreer ist der östlichste Stadtteil von Bochum, 1929 wurde er eingemeindet. Der Ort hat eine lange Geschichte: Seit dem 9. Jh. befand sich hier der Rittersitz Haus Langendreer.

Haus Langendreer

Hauptstraße 157
44892 Bochum
Heute sind nur noch wenige Teile des einst wasserumwehrten Ritterguts zu sehen. Das Herrenhaus wurde 1908 abgerissen. Langhaus und Teile der Ringmauer sind noch erhalten. Auf dem Gelände wird eine Schule betrieben.

Kulturzentrum Bahnhof

Langendreer
Wallbaumweg 108
44894 Bochum
Das überregional bekannte soziokulturelle Zentrum sitzt im ehemaligen Empfangsgebäude des Bahnhofs, das 1907 im Jugendstil errichtet wurde. Steht unter Denkmalschutz und gehört zur Route Industriekultur.
Tel.: 0234-6871610
www.bahnhof-langendreer.de

Holte
Marten
Lütgendortmund
Dortmund-Lütgendortmund 40
Ruhrschnellweg
Dortmund-Kley 41
Kreuz Dortmund 5
Indupark
Somborn
Oespel
Kley
Kulturzentrum Langendreer
ZIEL
Opel-Zentrallager
Hauptstraße
Dorney
Haus Langendreer
Hauptstraße
Langendreer
Oberstraße
Marktplatz
Stockum
B 235
Heimelsberg 146 m
Witten-Zentrum 43
A 44
Witten-Stockum 44
Witten-Annen 45
Westerberg 154 m
L 625
Bf. Witten-Annen Nord
Ledderken
Annen
Bahntrasse
Heven
Bonhoefferstraße
L 660
Witten
Märk. Museum
Deutsche Edelstahlwerke
Haus Witten
Husemannstraße
Ruhrdeich
Anschluss Tour 27
Hohenstein 166 m
Bommern
B 226
Wartenberg 246 m
L 525

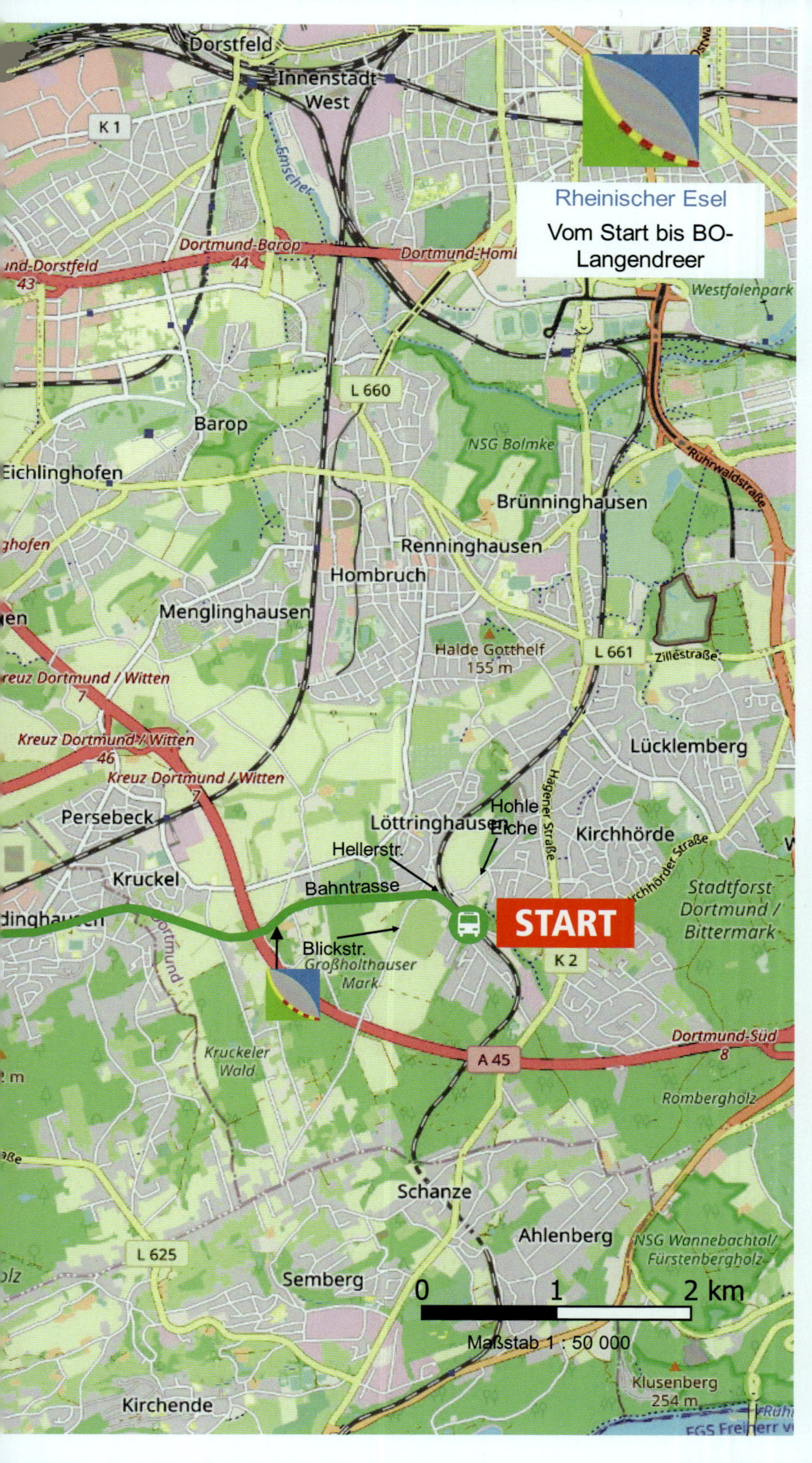

Rheinischer Esel
Vom Start bis BO-Langendreer
Dorstfeld
Innenstadt West
Dortmund-Barop 44
Barop
Eichlinghofen
L 660
NSG Bolmke
Brünninghausen
Renninghausen
Hombruch
Menglinghausen
Halde Gotthelf 155 m
L 661
Zillestraße
Westfalenpark
Ruhrwaldstraße
Lücklemberg
Kreuz Dortmund / Witten
Persebeck
Kruckel
Löttringhausen
Hohle Eiche
Hellerstr.
Bahntrasse
Blickstr.
Großholthauser Mark
Hagener Straße
Kirchhörde
START
Stadtforst Dortmund / Bittermark
K 2
Kruckeler Wald
A 45
Dortmund-Süd 8
Rombergholz
Schanze
Ahlenberg
NSG Wannebachtal/ Fürstenbergholz
L 625
Semberg
0 1 2 km
Maßstab 1 : 50 000
Klusenberg 254 m
Kirchende

TOUR 17

21 km

leicht

VRL (Hamm)/VGM (Ahlen)

Vorbei an Elefant und Tempel

Von Hamm nach Ahlen

Diese autofreie Tour nutzt zunächst den Leinpfad am Datteln-Hamm-Kanal und zweigt über eine Zechenbahntrasse nach Norden ab. Die Zechenbahn beförderte früher die Kohle von der Zeche Westfalen in Ahlen zum ehemaligen Kohlehafen Hamm-Haaren. Die letzten Kilometer leitet Sie der WerseRadweg in die Stadt Ahlen. Dieser Radwanderweg führt Sie nach weiteren 18 km nach Drensteinfurt, wo Sie Anschluss an die Tour 7 haben (www.werseradweg.de).

Gläserner Elefant im Maximilianpark

1 Hamm

Siehe Tour 18.

2 Bad Hamm

Die Industriestadt Hamm bringt man sicherlich nicht direkt mit einem Badekurort in Verbindung, allerdings war die Stadt von 1882 bis 1955 ein Heilbad. Der Stadtteil Bad Hamm darf den Zusatz Bad noch immer im Namen führen. Dort findet man das denkmalgeschützte Kurhaus, umgeben von einem großen Kurpark mit altem Baumbestand und Kurparkteichen (Infos unter: www.kurhaus-bad-hamm.de). Die Klinik für manuelle Therapie, das Wellnessbad Maximare und das Gradierwerk Bad Hamm knüpfen heute an die traditionsreiche Kur- und Badekultur Hamms an.

Maximare Erlebnistherme Bad Hamm
Jürgen-Gräf-Allee 2
59065 Hamm
Aquawelt:
Mo-Fr 8-22 Uhr, Sa/So ab 9 Uhr
(Wellness- und Saunaresort abweichend)
6,50-11,50 Euro, Sauna: 21-25 Euro
Tel.: 02381-8780
www.maximare.com

3 Maximilianpark mit Glaselefant

Alter Grenzweg 2
59071 Hamm
Der Park erinnert an die Landesgartenschau von 1984 mit dem 40 m hohen gläsernen Elefanten und vielen weiteren Attraktionen: Kinderspielland, Schmetterlingshaus, Maximiliansee und Eisenbahnmuseum.
April-Sept. 9-21 Uhr (Elefant 10-18 Uhr); Okt.-März 10-19 Uhr (Elefant geschlossen); Kasse schließt zwei Stunden früher
Park: 4,50 Euro, Kinder 3 Euro, Schmetterlingshaus: zzgl. 3 Euro, Kinder 4-17 J. 2 Euro
Tel.: 02381-9821032
www.maximilianpark.de

4 Sri-Kamadchi-Ampal-Tempel

Siegenbeckstraße 4-5
59071 Hamm
Der größte Dravida-Tempel in Europa ist der hinduistischen Göttin Kamadchi (mit den Augen der Liebe) gewidmet. Der 17 m hohe Tempelturm ist mit zahlreichen Skulpturen versehen. Bekannt ist das alljährliche Tempelfest, das über 25.000 Hindus besuchen.
tägl. 8-13 Uhr u. 17-19 Uhr
Tel.: 02388-302223
www.kamadchi-ampal.de

Hindutempel Sri Kamadchi Ampal in Hamm

5 Ahlen

Auf dem historischen Marktplatz kann man eine der ältesten Taufkirchen der Region – die Bartholomäuskirche – besichtigen. Die Ursprünge gehen auf das 9. Jh. zurück, ihre heutige Gestalt erhielt sie um 1480. Highlight: das Sakramentshäuschen zur Aufbewahrung der geweihten Hostien aus dem Jahr 1512.

Markt mit Altem Rathaus und katholischer Pfarrkirche St. Bartholomaeus in Ahlen

Kunstmuseum Ahlen

Museumsplatz 1
59227 Ahlen
Das Museum zeigt in fünf wechselnden Ausstellungen jährlich Werke der klassischen Moderne und zeitgenössische Kunst.
Mi-Sa 15-18 Uhr, So 11-17 Uhr
4-6 Euro
Tel.: 02382-91830
www.kunstmuseum-ahlen.de

INFO:
In Ahlen an der Werse zunächst Richtung Beckum fahren.

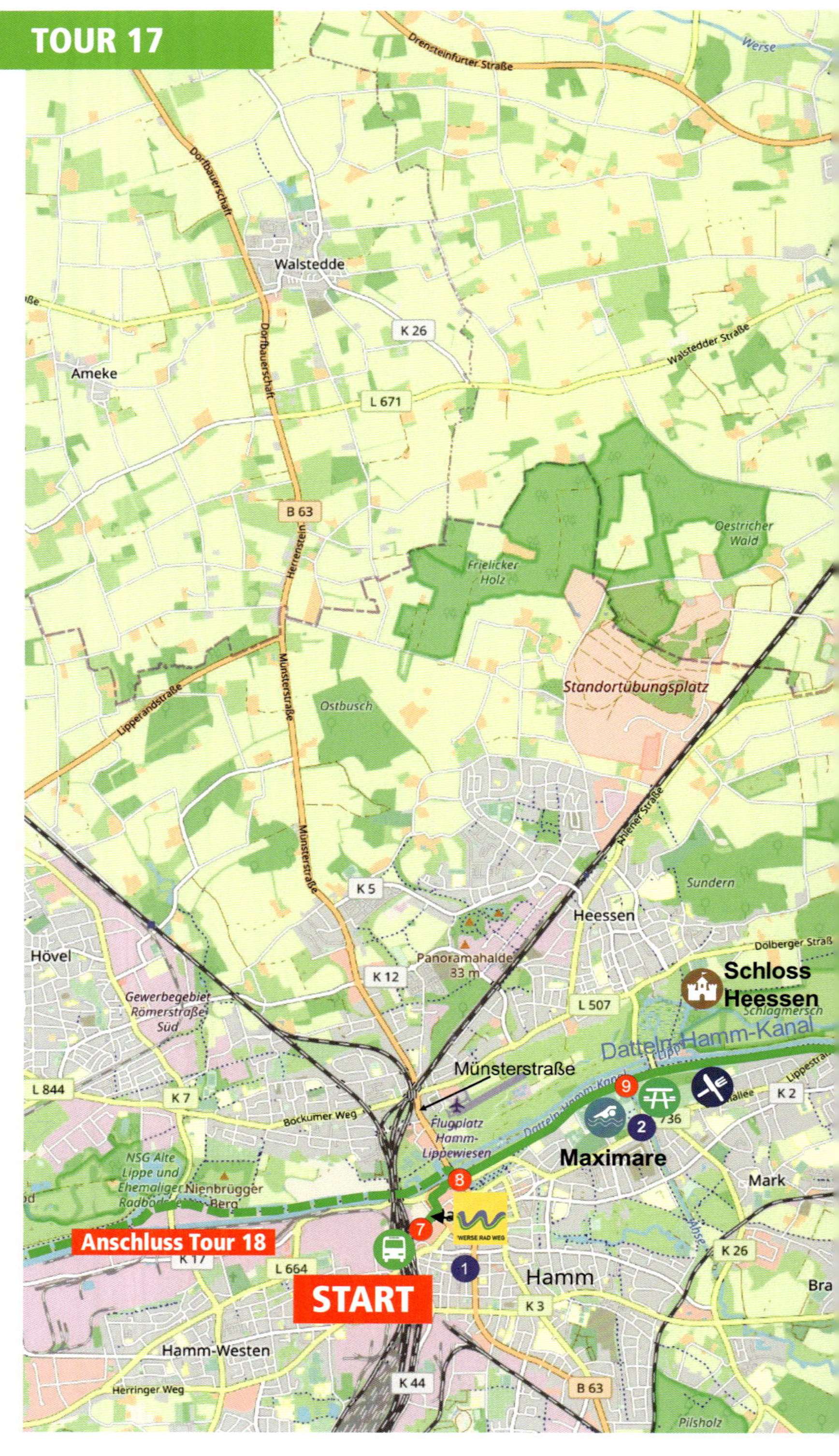

Drensteinfurter Straße
Werse
Dorfbauerschaft
Walstedde
K 26
Walstedder Straße
Ameke
L 671
B 63
Herrenstein
Oestricher Wald
Frielicker Holz
Standortübungsplatz
Lipperandstraße
Münsterstraße
Ostbusch
Sundern
K 5
Heessen
Hövel
Panoramahalde 33 m
K 12
Gewerbegebiet Römerstraße Süd
L 507
Schloss Heessen
Schlagmersch
Datteln-Hamm-Kanal
Münsterstraße
L 844
K 7
Bockumer Weg
Flugplatz Hamm-Lippewiesen
K 2
Maximare
NSG Alte Lippe und Ehemaliger Radbod
Nienbrügger Berg
Mark
Anschluss Tour 18
WERSE RAD WEG
K 17
L 664
K 26
START
Hamm
K 3
Hamm-Westen
Herringer Weg
K 44
B 63
Pilsholz

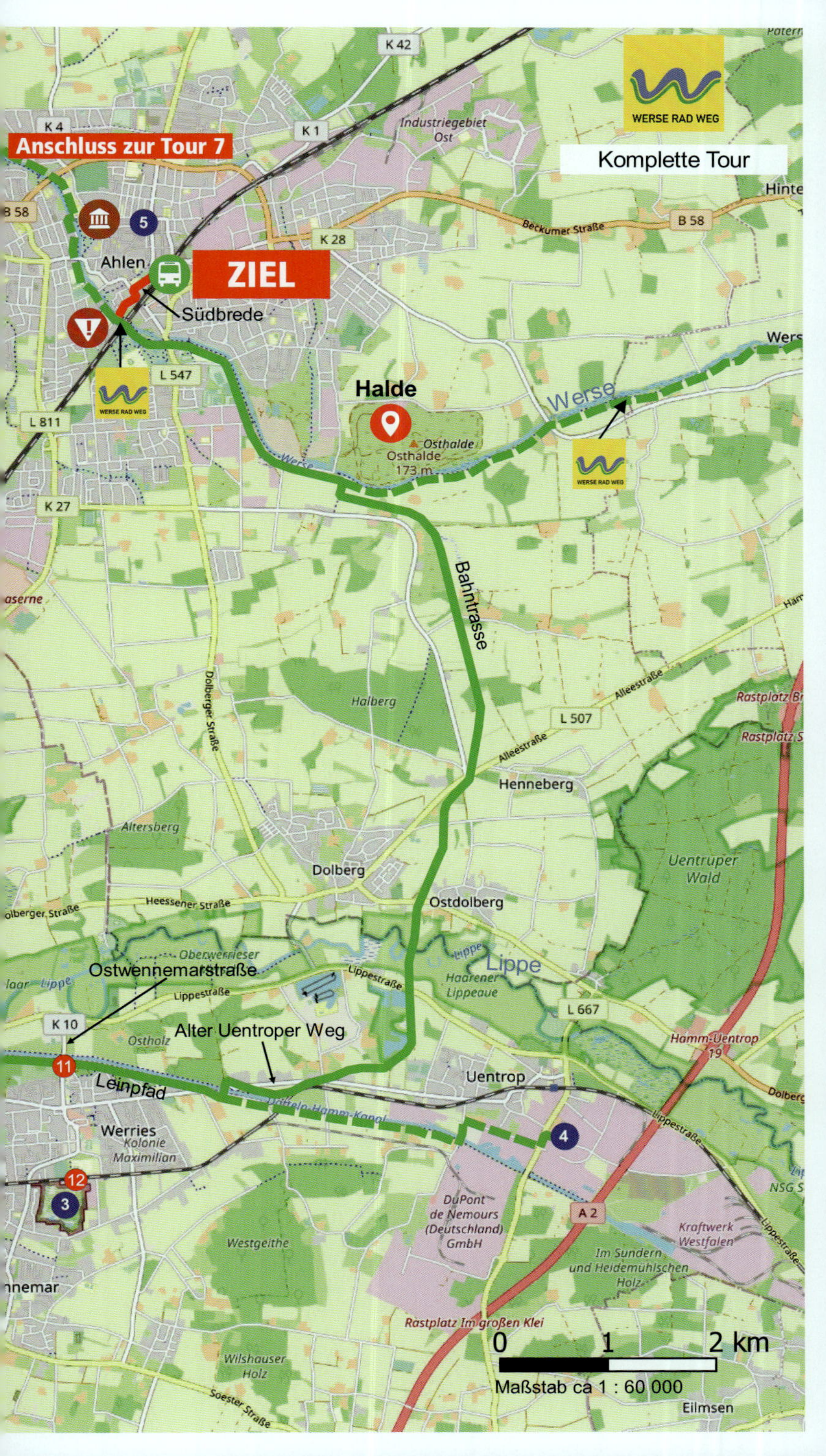

WERSE RAD WEG
Komplette Tour
Anschluss zur Tour 7
ZIEL
Ahlen
Südbrede
Halde
Osthalde
Osthalde 173 m
Werse
Bahntrasse
Industriegebiet Ost
Beckumer Straße
K 42
K 4
K 1
K 28
B 58
L 547
L 811
K 27
Dolberger Straße
Halberg
Alleestraße
L 507
Henneberg
Altersberg
Dolberg
Ostdolberg
Uentruper Wald
Heessener Straße
Oberwerrieser
Ostwennemarstraße
Lippestraße
Lippe
Haarener Lippeaue
L 667
K 10
Ostholz
Alter Uentroper Weg
Leinpfad
Uentrop
Datteln-Hamm-Kanal
Werries
Kolonie Maximilian
Hamm-Uentrop
A 2
DuPont de Nemours (Deutschland) GmbH
Kraftwerk Westfalen
Im Sundern und Heidemühlschen Holz
Westgeithe
Rastplatz Im großen Klei
Wilshauser Holz
Soester Straße
Eilmsen
0
1
2 km
Maßstab ca 1 : 60 000

TOUR 18

27 km

leicht

VRL*

Am Datteln-Hamm-Kanal

Von Lünen-Preußen nach Hamm

Auf dieser Tour ist die Orientierung besonders leicht. Die Route führt weitgehend entlang des Datteln-Hamm-Kanals. Wenn Sie Industrieanlagen umfahren müssen, orientieren Sie sich an den Radwegschildern.

1 Lünen

Siehe Tour 19.

2 Naturfreibad Heil

Dorfstraße (am Westenhellweg)
59192 Bergkamen
Eigentlich handelt es sich bei diesem See um einen Seitenarm der Lippe. Die Lage des Gewässers ist sehr idyllisch mit Schilfbestand und einem Wäldchen.
Mitte Mai-Ende Aug. tägl. 10-19 Uhr (generell nur bei schönem Wetter)
4 Euro, Kinder bis 15 J. 2 Euro
Tel.: 02389-1335

Ökologiestation, ein ehemaliger Gutshof

3 Ökologiestation

Westenhellweg 110
59192 Bergkamen
Die Ökologiestation ist in einem 150 Jahre alten Gutshof untergebracht und lockt mit Bienenlehrpfad, Westfälischem Bauerngarten, Umweltpädagogikteich und Pflanzenkläranlage. Highlight: Aussichtsturm in die Lippe-Aue.
Mo-Do 8-16 Uhr, Fr 8-14 Uhr
Eintritt frei
Tel.: 02389-98090
www.uwz-westfalen.de

4 Westfälisches Sportbootzentrum Marina Rünthe

Hafenweg 30
59192 Bergkamen
Auch wenn es heute nicht mehr so aussieht: Hier war mal ein Kohleumschlaghafen. Der Yachthafen mit schöner Promenade und Aussichtsterrassen entstand in den 1990er Jahren.
April-Sept. Di-So 9-18 Uhr; Okt.-März Di-So 10-15 Uhr
Tel.: 02389-3163
www.yachthafen-marina-ruenthe.de

5 Abstecher nach Werne

Die kleine Stadt wird bereits zum südlichen Münsterland gezählt. Außergewöhnlich sind die Wärmehäuschen (Kleinfachwerkhäuser) rund um die alte Stadtkirche. Auch das gotische Rathaus und das alte Kloster sind einen Blick wert. Seit dem 19. Jh. wurde in Werne Kohle gefördert – dabei stieß man auf eine Solequelle.

Natursolebad

Am Hagen 2
59368 Werne
Das 35 °C warme Natursolebad ist heute eine großzügige und beliebte Wellnessanlage.

Das Natursolebad ist eine großzügig gestaltete Freizeitanlage

Mo-Sa 10-22 Uhr, So 10-20 Uhr
4,80-6,50 Euro, Sauna teurer,
Kinder 6-17 J. 2,80-3,90 Euro
Tel.: 02389-98920
www.solebad-werne.de

Karl-Pollender-Stadtmuseum in Werne

Karl-Pollender-Stadtmuseum

Kirchhof 13
59368 Werne
Die Geschichte der Stadt Werne wird hier anschaulich erzählt. Kindgerecht aufbereitet von der Frühgeschichte bis zur Neuzeit.
Di-Fr 10-12 Uhr u. 14-17 Uhr,
Sa 10-13 Uhr, So 14-17 Uhr
Eintritt frei
Tel.: 02389-780773
www.museum-werne.de

6 Hamm

Die Stadt hat ca. 180.000 Einwohner und ist geprägt von einem bedeutenden Chemiewerk und der dort ansässigen Stahlindustrie. In den eingemeindeten Orten gibt es eine Anzahl von gut erhaltenen Adelshäusern. (s. a. Tour 17)

Gustav-Lübcke-Museum

Neue Bahnhofstraße 9
59065 Hamm
Die Dauerausstellung zu ägyptischer Kunst und zur Stadtgeschichte ist sehenswert. Das Museum ist nach einem Hammer Kaufmann und Kunstsammler (1868-1925) benannt, der es gründete.
Di-Sa 10-17 Uhr, So 10-18 Uhr
2,50-5 Euro. Kinder bis 15 J. frei
(Sonderausstellungen abweichend)
Tel.: 02381-175714
www.hamm.de/gustav-luebcke-museum

*VRL (Bahnhof Lünen, VRR-Übergangstarif)

TOUR 18

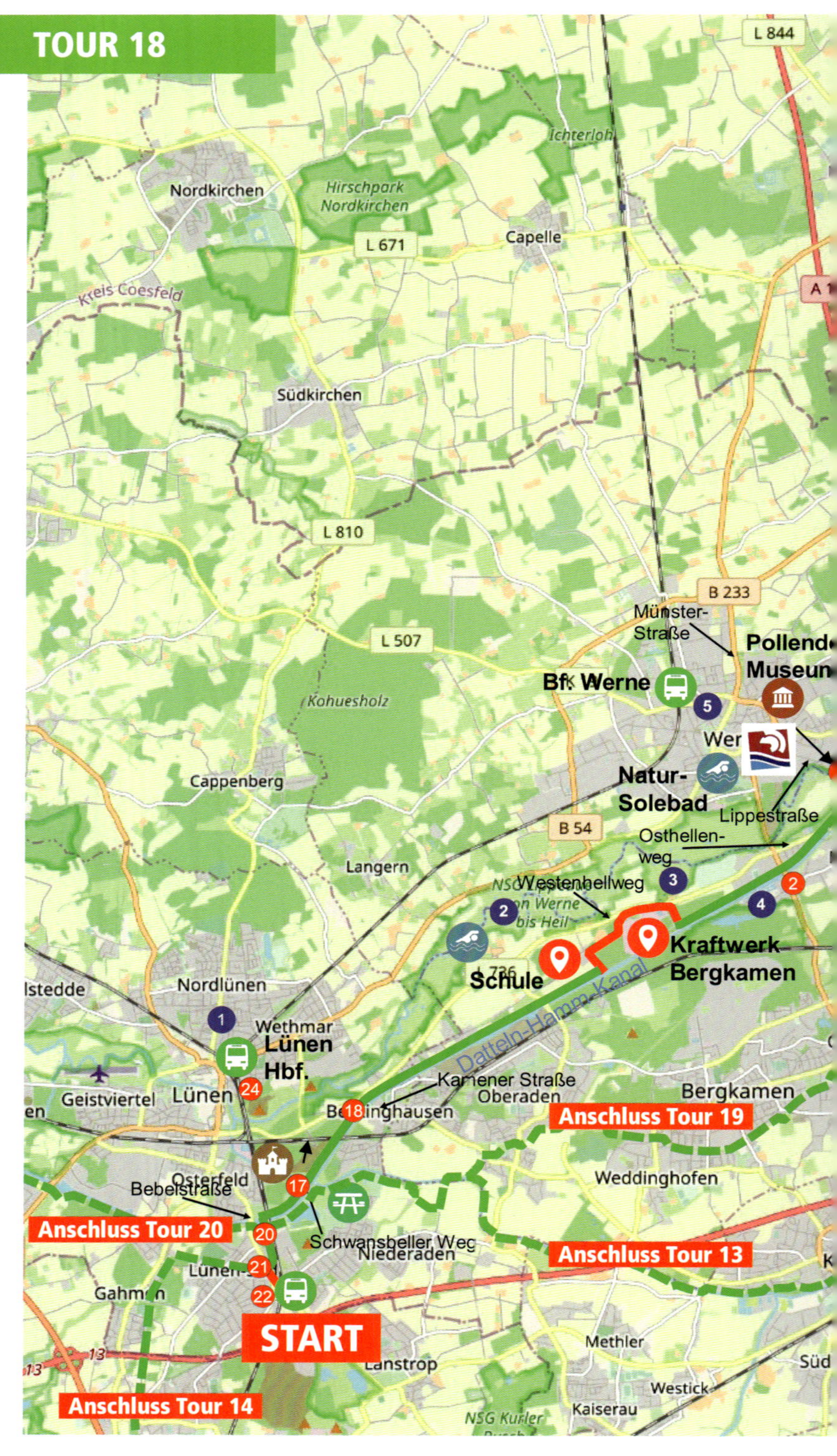

L 844
Ichterloh
Nordkirchen
Hirschpark Nordkirchen
L 671
Capelle
Kreis Coesfeld
Südkirchen
L 810
B 233
Münster-Straße
L 507
Bf. Werne
Kohuesholz
5
Natur-Solebad
Lippestraße
Cappenberg
B 54
Osthellen-weg
Langern
Westenhellweg
3
2
4
2
Kraftwerk Bergkamen
Schule
Nordlünen
1
Wethmar
Lünen Hbf.
Datteln-Hamm-Kanal
Kamener Straße
Oberaden
Bergkamen
Geistviertel
Lünen
24
18
Anschluss Tour 19
Weddinghofen
Osterfeld
Bebelstraße
17
Anschluss Tour 20
20
Schwansbeller Weg
Niederaden
Anschluss Tour 13
21
22
Gahmen
START
Methler
Lanstrop
Westick
Anschluss Tour 14
NSG Kurler
Kaiserau

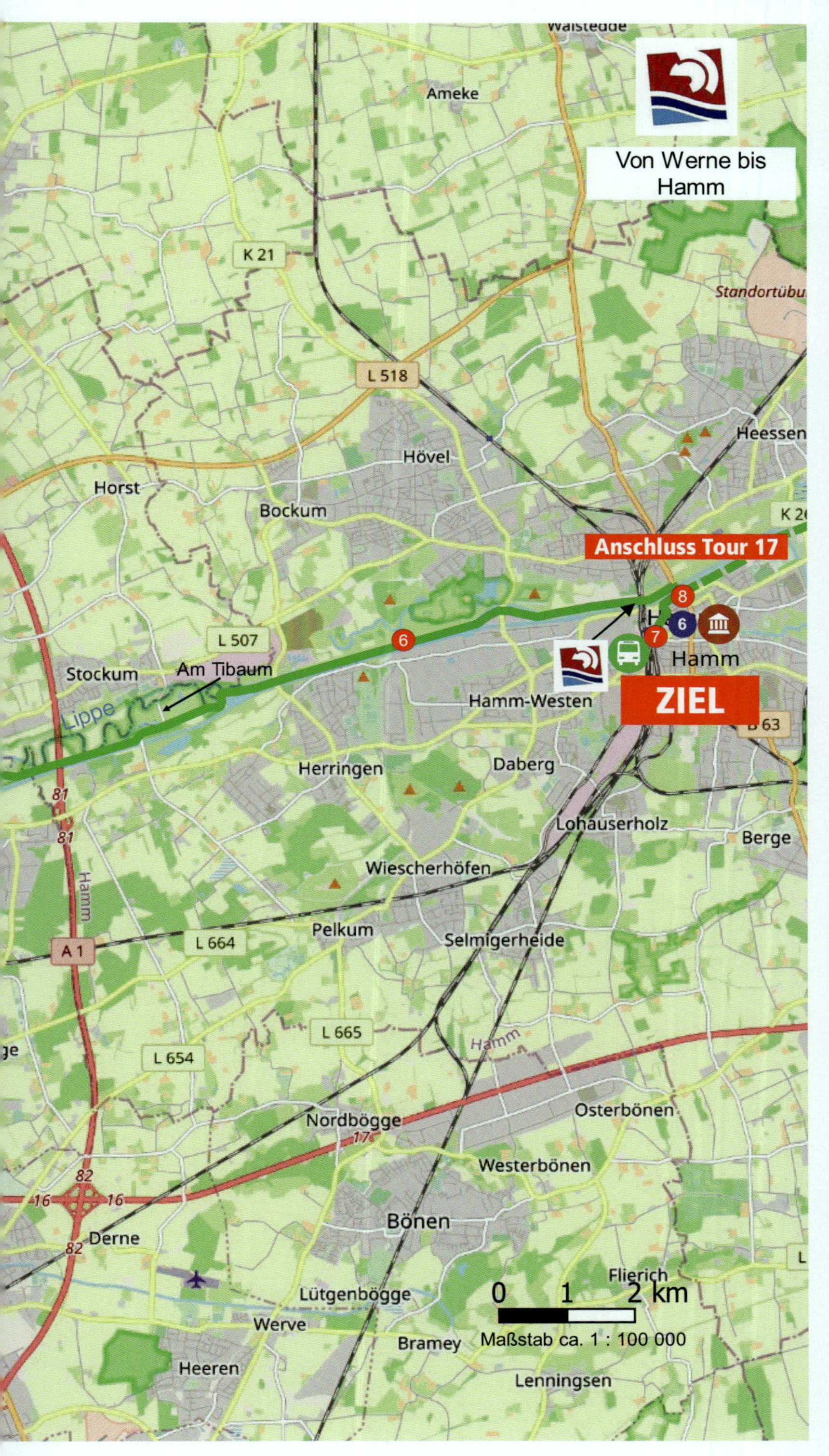

Von Werne bis Hamm
Ameke
K 21
Standortübu
L 518
Hövel
Heessen
Horst
Bockum
K 2
Anschluss Tour 17
8
6
6
7
Hamm
L 507
Stockum
Am Tibaum
Lippe
Hamm-Westen
ZIEL
B 63
Herringen
Daberg
81
81
Lohauserholz
Berge
Wiescherhöfen
Hamm
Pelkum
A 1
L 664
Selmigerheide
L 665
L 654
Hamm
Nordbögge
17
Osterbönen
Westerbönen
82
16
16
Bönen
Derne
82
Flierich
0 1 2 km
Lütgenbögge
Werve
Bramey
Maßstab ca. 1 : 100 000
Heeren
Lenningsen

TOUR 19

27 km

leicht

VRL*

Sole und Kohle

Von Unna-Königsborn nach Lünen-Preußen

Hier im Osten des Ruhrgebiets geht es sehr beschaulich zu – mit kleineren Orten und viel Landschaft. Die Strecke nutzt die Trasse der Klöcknerbahn, die ehemals zwei Zechen miteinander verband. Anschließend geht es über einen Pfad am Bach entlang. Es gibt keine Steigungen. Vom Bahnhof aus fahren Sie zunächst zur Hauptstraße und nach etwa einem Kilometer rechts in die Grillostraße, die zur Umgehungsstraße führt. Von der geht links kurz darauf eine Radwegtrasse ab.

Windpumpengebäude und Fachwerk-Wärterhäuschen in Unna am Eingang des Kurparkes

1 Unna-Königsborn

Der Ort hat eine alte Bergbaugeschichte: Hier wurde bis 1940 Salz gewonnen. Im nördlichen Teil des Stadtparks sind aus dem 18. Jh. noch eine Windmühle, die einst zur Salzförderung eingesetzt wurde, das Wärterhaus sowie Arbeiterhäuser erhalten (unmittelbar hinter der Kinderklinik auf der anderen Seite der Hauptstraße). Auch die Kohleförderung in Königsborn (seit 1880) wurde 1981 endgültig eingestellt.

! Am Stadtrand links den Hinweisschildern des Radwanderwegs Kuhbachweg folgen. Der Kuhbach besteht anfangs nur aus einem zugewachsenen Graben.

2 Stadtmuseum Bergkamen

Jahnstraße 31
59192 Bergkamen

Im heutigen Bergkamen-Oberaden hatten wenige Jahre vor Christi Geburt die Römer ihr größtes Militärlager in ganz Germa-

Ausstellung von Funden, Modellen und Nachbildungen aus der Römerzeit

nien errichtet. Zeitweise lebten 12.000 Soldaten und Hilfstruppen auf dem 56 ha großen Gelände. Funde aus der damaligen Zeit bilden den Schwerpunkt des Stadtmuseums. Des Weiteren bietet das Museum Anschauliches zur Stadtgeschichte und zum Bergbau sowie viele Sonderausstellungen und einen archäologischen Lehrpfad auf dem Gelände.
Di-Fr 11-13 Uhr u. 14-17 Uhr,
Sa 14-17 Uhr, So 11-17 Uhr
3 Euro, Gruppen (ab 10) 50 % Ermäßigung
Tel.: 02306-3060210
www.stadtmuseum-bergkamen.de

3 Seepark

über Schwansbeller Weg
44532 Lünen
Das einstige Industriegelände am Datteln-Hamm-Kanal wurde anlässlich der Landesgartenschau 1996 zu einer Erholungslandschaft mit Spiel- und Pausenplätzen umgebaut. Der Horstmarer See mit seinem Sandstrand zählt zu den schönsten Badeseen im Revier.
ganzjährig geöffnet
Eintritt frei
www.luenen.de/tourismus

4 Schloss Schwansbell

Schwansbeller Weg 32
44532 Lünen
Die Ursprünge des Schlosses gehen auf das 12. Jh. zurück. Seine heutige Form mit den beiden achteckigen Türmen erhielt Schwansbell im 19. Jh. Nach mehrfachem Eigentümerwechsel dient es inzwischen als Wohnhaus. In einem seitlichen Wirtschaftsgebäude befindet sich das Museum der Stadt Lünen. Themenbereiche sind: Wohnkultur zwischen 1840 und 1930 und Keramik.
Museum: April-Sept. Di-Fr 14-18 Uhr, Sa/So 13-18 Uhr; Okt.-März Di-Fr 14-17 Uhr, Sa/So 13-17 Uhr
Eintritt frei
Tel.: 02306-497441
www.luenen.de/museen

Das Schloss Schwansbell in Lünen

5 Altes Quartier Lünen

Lünens neue Altstadt (nach der Verlagerung auf das südliche Lippeufer im 14. Jh.) lädt mit schönen Fachwerkhäusern, engen Gassen und gemütlichen Kneipen zum Besuch ein. Führungen können unter dieser Nummer gebucht werden:
Tel.: 02306-1041778 (Servicestelle Tourismus)

*VRL (Bahnhof Lünen, VRR-Übergangstarif) Unna ist auch VRR-Übergangstarif

TOUR 19

Nordlünen
Wethmar
B 54
L 736
Anschluss Tour 18
K 19
Lippe
NSG Lippeaue von Wethmar bis Lünen
K 16
Datteln-Hamm-Kanal
Lünen Hbf.
Lünen
Geistviertel
Halde Victoria Osthalde 81 m
Beckinghausen
Oberaden
L 654
Osterfeld
Anschluss Tour 20
L 684
Horstmar
Halde Preußen 85 m
Niederaden
L 821
Lünen-Süd
Gahmen
Bebelstraße
ZIEL
K 13
Dortmund-Lanstrop 14
Kreis Unna
Lanstrop
Anschluss Tour 14
Abfalldeponie Dortmund-Nordost
NSG Lanstroper See
NSG Kurler Busch
Derne
B 236
Hostedde
Grevel
Rote Fuhr
Kurler Straße
Derner Straße
K 9
Kirchderne
Scharnhorst
L 556
NSG Alte Körne
NSG Buschei
Kurler Straße
Gewerbegebiet Westfalenhütte Sinteranlage
L 663n
Brackeler Straße
Brackeler Straße
Asseln
Brackel
Brackel
Dortmund-Asseln-Süd
Wambel
Aplerbecker Straße

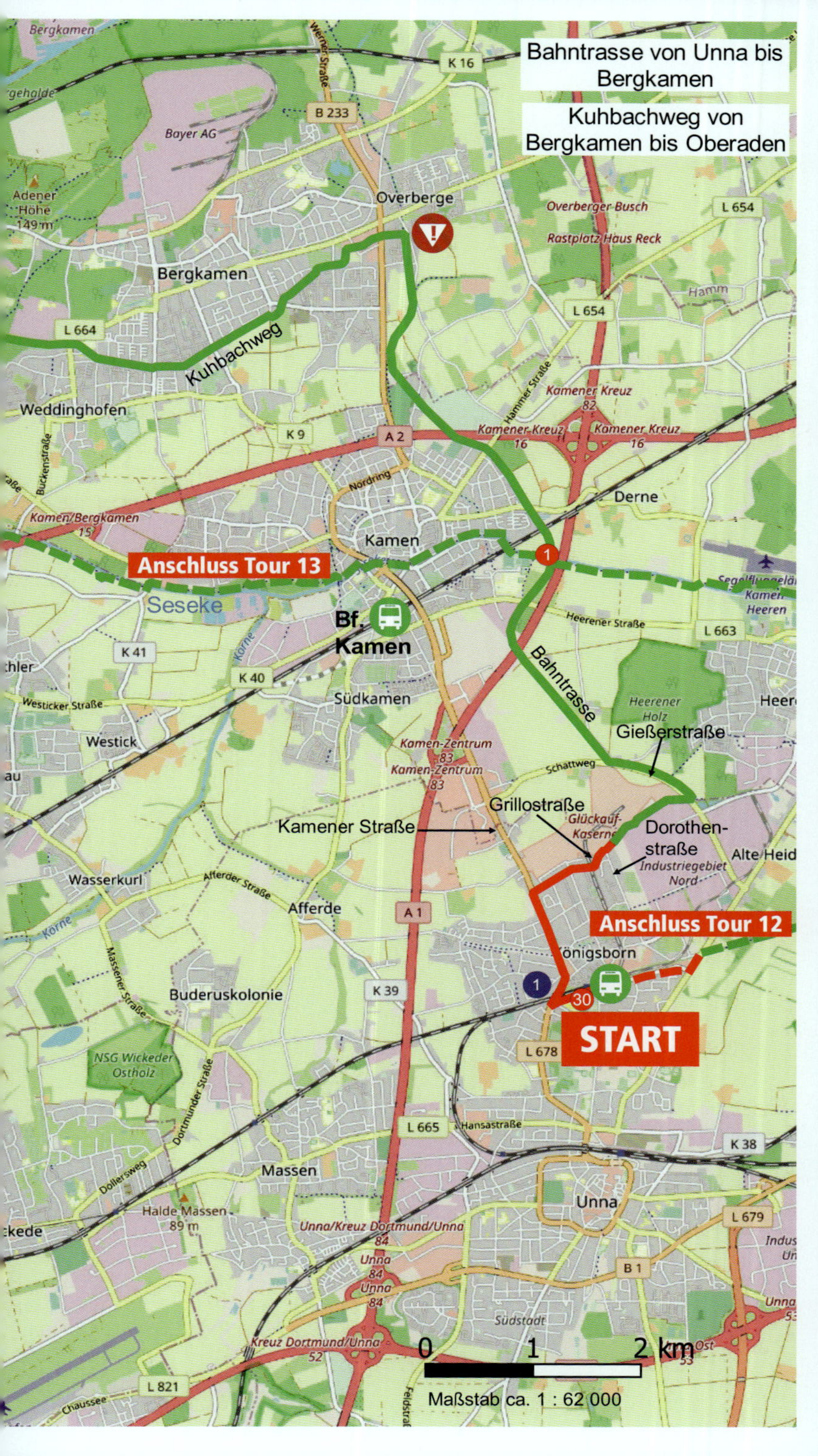

Bahntrasse von Unna bis Bergkamen
Kuhbachweg von Bergkamen bis Oberaden
Kuhbachweg
Bergkamen
Overberge
Weddinghofen
Kamen
Anschluss Tour 13
Seseke
Bf. Kamen
Südkamen
Bahntrasse
Gießerstraße
Grillostraße
Kamener Straße
Dorothen-straße
Anschluss Tour 12
Königsborn
START
Derne
Westick
Wasserkurl
Afferde
Buderuskolonie
Massen
Unna
Maßstab ca. 1 : 62 000

TOUR 20

35 km

leicht

VRR (Haltern am See)/VRL*

Das weltgrößte Kanalkreuz

Von Haltern am See nach Lünen-Preußen

Die Tour führt gleich an drei Kanälen entlang. An zwei Schleusen haben Sie Gelegenheit, den Schiffsbetrieb zu beobachten. Während der gesamten Tour fahren Sie über Leinpfade – nur in Datteln geht's durch die Stadt.

Haltern am See, Altstadt Marktplatz mit Brunnen und dem Alten Rathaus

1 Haltern am See

Eine Stadt mit hohem Freizeitwert dank der vorhandenen Wälder und Seen. Sie ist das Herzstück des Naturparks Hohe Mark (www.naturpark-hohemark.de) und wird deshalb gern als Lunge des Ruhrgebiets bezeichnet. Einen Abstecher sollte man auch zum Rathaus machen, es ist Ende des 16. Jh. im Renaissancestil erbaut worden.

2 Römermuseum

Weseler Straße 100
45721 Haltern am See
Zu Beginn unserer Zeitrechnung existierte bei Haltern ein großes Römerlager. Es wurde nach der Varusschlacht 9 n. Chr. aufgelöst. Funde und Rekonstruktionen aus den römischen Lagern der Region werden gezeigt.

Schleuse Datteln des Wesel-Datteln-Kanals (WDK) mit geöffnetem Hubtor Richtung Dattelner Meer

Di-Fr 9-17 Uhr, Sa/So 10-18 Uhr
2,50-5 Euro, Kinder bis 17 J. frei Euro
Tel.: 02364-93760
www.lwl-roemermuseum-haltern.de

3 Stiftskirche St. Maria Magdalena

Die Kirche hat ihren Ursprung im 12. Jh. als an dieser Stelle ein Prämonstratenser Kloster gegründet wurde. Aus dieser Zeit stammt noch der romanische Kirchturm. Sehenswert ist der prächtige Hochaltar.

4 Tier- und Freizeitpark Gut Eversum

Das Gut besteht aus einem großen Spielpark und einem Zoo mit Tieren aus der Heimat. Hier können Sie auch die größte Modelleisenbahn Europas bestaunen (Vorführungen meist am Wochenende).

Tier- und Freizeitpark Gut Eversum
Eversumer Straße 77
59399 Olfen
tgl.10-18 Uhr (Anfang Osterferien bis 1.11.)
6-8 Euro
Tel.: 02595-385225
www.gut-eversum.de

5 Haus Vogelsang

Vogelsangweg 21-23
45711 Datteln
Der Adelssitz lag einst als mittelalterliche Wasserburg auf einer künstlichen Insel, die man später mit einem zweiten Graben umgab. Heute ist nur noch ein Teil der Vorburg zu sehen, ein aus dem 18. Jh. stammender Barockbau mit quadratischem Eckturm und geschweifter Haube.

6 Datteln

Vier Kanäle treffen sich auf dem Stadtgebiet. Somit ist Datteln der größte Kanalknotenpunkt der Welt. Das wird einmal jährlich mit dem großen Kanalfestival gefeiert – am vorletzten Wochenende im August (www.kanalfestival.de). Am Treffpunkt des Wesel-Datteln-Kanals auf den Dortmund-Ems-Kanal liegt der Kanalhafen Datteln. Die Wasserstraßen erweitern sich hier zu einer ausgedehnten Wasserfläche – dem Dattelner Meer, einer beliebten Freizeitstätte. Siehe auch Tour 10.

7 Schlossruine Wilbringen

Wilbringen 1
45731 Waltrop
Einst eine kurkölnische Landesburg. Heute ist die Ruine des Hauptgebäudes nicht mehr zugänglich. Die Vorburg befindet sich in Privatbesitz.

8 Schlossmühle Lippholthausen

Mühlenweg 1
44536 Lünen
Die Wassermühle des früheren Adelshauses Buddenburg wurde 1760 errichtet und unlängst restauriert. Sie ist das einzige Überbleibsel des ehemaligen Schlosses. Für Hochzeiten und Feiern kann sie angemietet werden.

9 Lünen

siehe Tour 19

*VRL (Bahnhof Lünen, VRR-Übergangstarif)

TOUR 20
START
Haltern am See
Wasser-werk
Flaesheimer Damm
Bahnhofszufuhrweg
Becklinghäuser Damm
Anschluss zur Tour 23
Lippe
Leinpfad
Wesel-Datteln-Kanal
Anschluss Tour 1
Vogelsangweg
Recklinghäuser Straße
Schleuse
Datteln Meer
Schleuse
Hafenstr.
Südring
Getrudenstr.
Oberschlesienstr.
Herdieckstr.
Datteln
Leinpfad
Im Löringhof/K14
Dortmund-Ems-Kanal
Anschluss Tour 10 &
Recklinghausen
Oer-Erkenschwick
Castrop-Rauxel

Außer im Stadtgebiet von Datteln immer den Leinpfad am Kanal nutzen.
Lüdinghausen
Nordkirchen
Hirschpark Nordkirchen
Capelle
Kreis Coesfeld
Südkirchen
Dortmund-Ems-Kanal
Selm
Beifang
Vinnum
Bork
Kohuesholz
Cappenberg
Lippe
Langern
NSG Lippeaue von Werne bis Heil
Holthausen Lippe
Anschluss Tour 18
Alstedde
Nordlünen
Lünen Hbf.
Wethmar
Schloss Schwansbell
Oberaden
Geistviertel
Lünen
Lippholthausen
Frydagstraße
Brockenscheidt
Osterfeld
Anschluss Tour 19
Wedding
Brambauer
Anschluss Tour 13
Bebelstraße
Preußenstraße
Gahmen
Schwieringhausen
Brechten
Methler
ZIEL
Anschluss Tour 14
Hostedde
NSG Kurler Busch
Kaiserau
Kemminghausen
Ellinghausen
Lindenhorst
Kirchderne
0 1 2 km
Maßstab ca. 1 : 130 000

TOUR 21

22 km

leicht

VRR

Im Grünen durchs Ruhrgebiet

Von Essen-Zollverein Nord nach Gelsenkirchen-Zoo

Mit Essen und Gelsenkirchen verbindet man vor allem die Ruhrindustrie. Entgegen diesem Eindruck führt beinahe die gesamte Route durch die Grünzone, überwiegend über die Trasse der ehemaligen Kray-Wanner-Bahn. Der Weg ist nicht nur autofrei, sondern auch kreuzungsfrei. Vom Bahnhof Essen aus gesehen rechts, unter der Eisenbahnbrücke durch und bei der nächsten Möglichkeit links abbiegen. Richten Sie sich zunächst nach den Schildern des Zollvereinswegs.

 UNESCO-Welterbe Zollverein

Gelsenkirchener Str. 181
45309 Essen
Essens Herzstück – von 1847 bis 1986 wurde hier Steinkohle gefördert. Seit 2001 ist der Industriekomplex Weltkulturerbe der UNESCO. Die Hallen beherbergen eine Vielzahl von Kunstwerkstätten, Ausstellungen, Spielstätten für Theater und Tanz.

Besucherzentrum RUHR.VISITORCENTER Essen

Areal A [Schacht XII]
Kohlenwäsche [A14]
Neben zahlreichen Infos zum Gelände können hier auch verschiedene Rund- und Themenführungen gebucht werden.
tägl. 10-18 Uhr
Tel.: 0201-246810
www.zollverein.de

Ruhr Museum

Areal A [Schacht XII]
Kohlenwäsche [A14]
Anfang 2010 eröffnet. Auf drei Etagen werden über 5.000 Exponate zur bewegten Natur- und Kulturgeschichte des Ruhrgebiets präsentiert.
tägl. 10-18 Uhr
5-8 Euro, Kinder/Jugendl. bis 17 J. und Schüler/Studierende bis 25 J. frei
Tel.: 0201-24681444
www.ruhrmuseum.de

Red Dot Design Museum

Areal A [Schacht XII]
Kesselhaus [A7]
Weltweit größte Ausstellung zeitgenössischen Designs, mit 2.000 Produkten. Jedes Jahr wird hier besonderes Design mit dem renommierten Red Dot Award ausgezeichnet.
Di-So 11-18 Uhr
4-6 Euro, Kinder bis 11 J. frei,
Fr „Pay what you want"
Tel.: 0201-301060
www.red-dot-design-museum.de

Kokerei Zollverein

Areal C [Kokerei]
Mischanlage [C70/C71]
Zwischen 1957 und 1961 gebaut, war die Kokerei auf lange Zeit die größte und modernste in Europa. 1993 wurde sie stillgelegt. Spezielle Führungen geben einen aufschlussreichen Einblick in die Geschichte der Anlage (zu buchen über das Besucherzentrum, siehe links oben). An der Kokerei befindet sich das gleichnamige, populäre Café (Tel.: 0201-8301298).

Panorama der Zeche Zollverein mit dem Doppelbock-Fördergerüst von Schacht XII

Phänomania Erfahrungsfeld, im Fördermaschinenhaus der Zeche Zollverein Schacht 3/7/10

2 Phänomania Erfahrungsfeld

Am Handwerkerpark 8-10
45309 Essen
Ca. 2 km von der Zeche Zollverein entfernt. 80 Versuchsstationen im Innen- und Außenbereich aktivieren alle Sinne der Besucher. Experimente wie die optische Scheibe und der Riechbaum laden zum Anfassen und Ausprobieren ein.
Mo-Fr 9-18 Uhr,
Sa/So u. feiertags 10-18 Uhr
7-8 Euro, Kinder/Jugendl. 4-6 Euro
Tel.: 0201-61799621
www.erfahrungsfeld.de

3 Skulpturenpark Rheinelbe und Himmelstreppe

Leithestraße
45886 Gelsenkirchen
Im Park stehen Skulpturen von Herman Prigann, die er aus den Resten ehemaliger Industrieanlagen hergestellt hat.

4 ZOOM Erlebniswelt

Bleckstraße 64
45889 Gelsenkirchen
Der alte Gelsenkirchener Zoo hat sich durch ein neues Konzept zu einem der beliebtesten Zoos in Deutschland gemausert. Drei Erlebniswelten gibt es zu entdecken: Afrika, Asien und Alaska.
März u. Okt. 9-18 Uhr,
April-Sept. 9-18.30 Uhr;
Nov.-Feb. 10-17 Uhr
16-21,50 Euro, Kinder 4-12 J. 14 Euro (im Winter günstiger)
Tel.: 0209-95450
www.zoom-erlebniswelt.de

Eisbär hinter der Scheibe im Themenbereich Alaska in der ZOOM Erlebniswelt

Himmelstreppe, Halde Rheinelbe

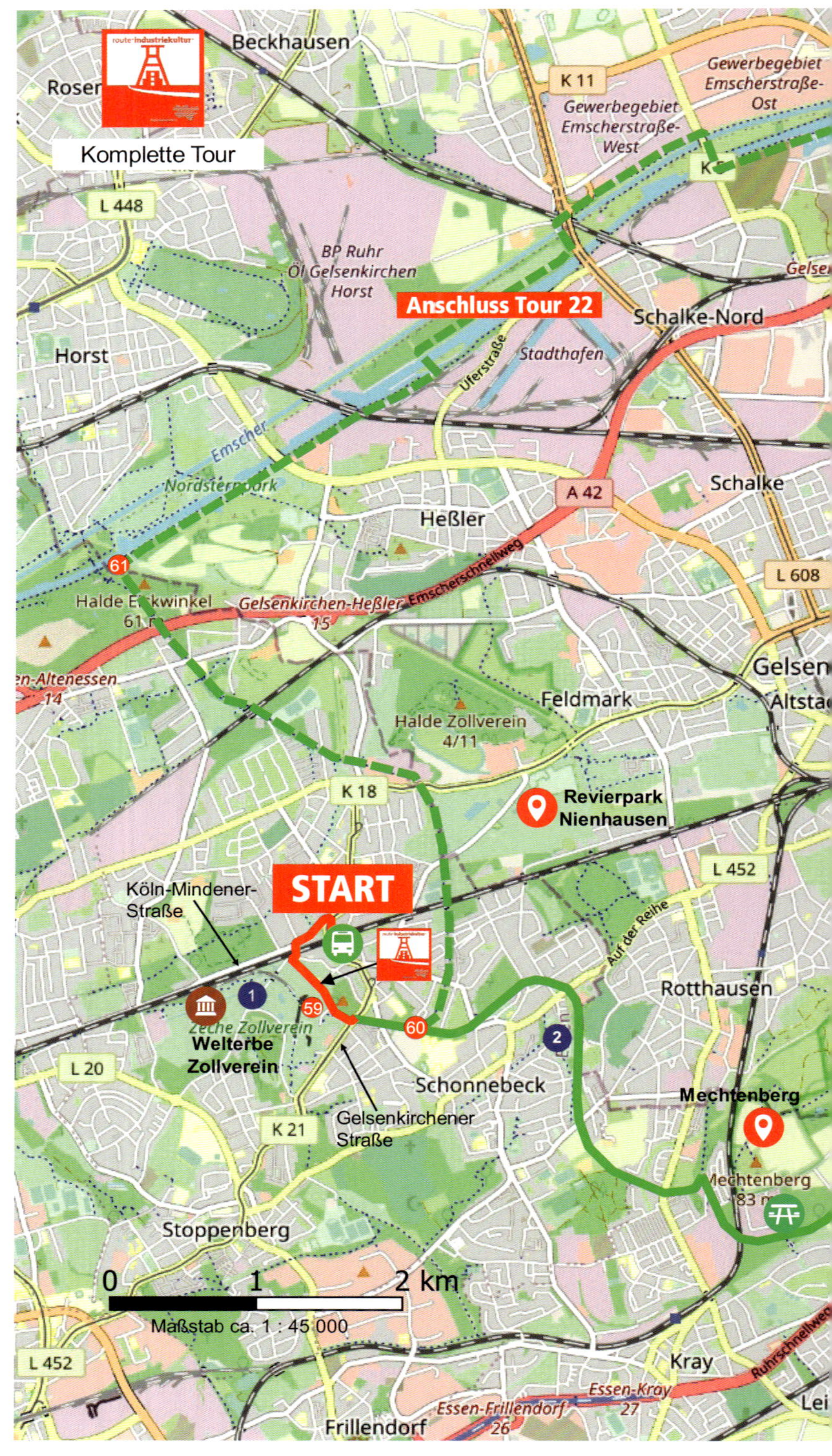

Komplette Tour
Beckhausen
Gewerbegebiet Emscherstraße-Ost
Gewerbegebiet Emscherstraße-West
K 11
L 448
BP Ruhr Öl Gelsenkirchen Horst
Anschluss Tour 22
Schalke-Nord
Horst
Stadthafen
Uferstraße
Emscher
Nordsternpark
A 42
Schalke
Heßler
61
Halde Eckwinkel 61 m
Gelsenkirchen-Heßler 15
Emscherschnellweg
L 608
Feldmark
Halde Zollverein 4/11
K 18
Revierpark Nienhausen
START
L 452
Köln-Mindener-Straße
Auf der Reihe
Rotthausen
1
59
60
2
Zeche Zollverein
Welterbe Zollverein
L 20
Schonnebeck
Mechtenberg
K 21
Gelsenkirchener Straße
Stoppenberg
0
1
2 km
Maßstab ca. 1 : 45 000
L 452
Kray
Essen-Kray 27
Essen-Frillendorf 26
Frillendorf

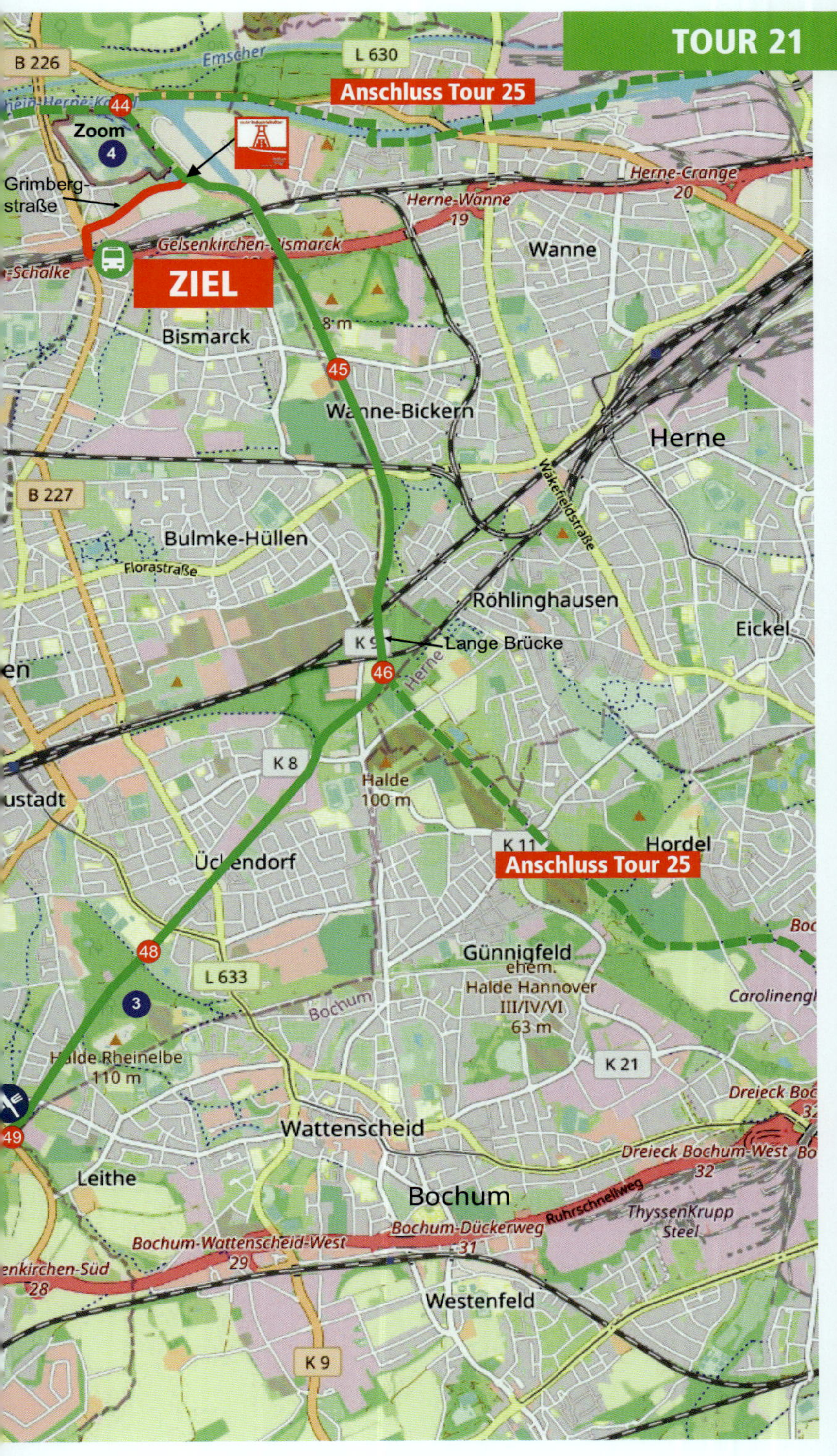

B 226
Emscher
L 630
Anschluss Tour 25
Zoom
4
Grimberg-
straße
Herne-Crange
20
Herne-Wanne
19
Gelsenkirchen-Bismarck
Wanne
Schalke
ZIEL
Bismarck
45
Wanne-Bickern
Herne
B 227
Wakefieldstraße
Bulmke-Hüllen
Florastraße
Röhlinghausen
Eickel
Lange Brücke
46
K 8
Halde
100 m
Hordel
Anschluss Tour 25
Ückendorf
48
Günnigfeld
ehem.
Halde Hannover
III/IV/VI
63 m
L 633
3
Bochum
Halde Rheinelbe
110 m
K 21
49
Wattenscheid
Leithe
Dreieck Bochum-West
32
Bochum
Ruhrschnellweg
ThyssenKrupp
Steel
Bochum-Dückerweg
31
Bochum-Wattenscheid-West
29
28
Westenfeld
K 9

TOUR 22

25 km

leicht

VRR

Emscher-Tour

Von Essen-Altenessen nach Gelsenkirchen-Zoo

Bei dieser Tour passieren Sie zwei ehemalige große Steinkohlebergwerke, die das Bild des Ruhrgebiets entscheidend mitgeprägt haben: die Zeche Zollverein in Essen (in Betrieb von 1847 bis 1986) und die Zeche Nordstern in Gelsenkirchen (1866 bis 1993) – beides heute Industriedenkmäler. Die Bahntrasse, die sie verbindet, wurde in den 1990er Jahren noch für die Emscher-Park-Bahn genutzt, mittlerweile abgebaut und zu einem attraktiven Radweg ausgebaut. Vom Bahnhof aus fahren Sie links und die erste Straße rechts (Palmbuschweg). Am Ende der Straße biegen Sie rechts ab und überqueren die Gleise. Dort beginnt der Zollvereinsweg. Wenn Sie den Rhein-Herne-Kanal erreicht haben, geht es autofrei auf dem Leinpfad weiter bis zum Ziel.

1 UNESCO-Welterbe Zollverein

Siehe Tour 21

Die Fatih Moschee in Essen-Katernberg

2 Fatih Moschee

Schalker Straße 23-25
45327 Essen
Eindrucksvolle türkische Moschee mit einem 30 m hohen Minarett. Der Gebetsraum ist mit Mosaikkacheln und einem deckenhohen Kronleuchter gestaltet. Die Moschee ist nach dem Sultan Fatih Sultan Mehmet Han aus dem 15. Jh. benannt.
Tel.: 0201-375414
www.essenfatihmoschee.de

3 Kolonie Hegemannshof

Meerbruchstraße
45327 Essen-Katernberg
Vom Bahndamm aus sehen Sie denkmalgeschützte Bergbauhäuserreihen: die Siedlung Hegemannshof. Sie wurde 1860 für die Arbeiter der Zeche Zollverein erbaut.

4 Nordsternpark

Am Bugapark 1
45899 Gelsenkirchen
Landschaftspark auf dem Gelände der ehemaligen Zeche Nordstern. Die Anlage war noch bis 1993 in Betrieb. 1997 wurde das Gelände für die Bundesgartenschau umfassend umgestaltet. Es ist heute ein beliebter Park mit zahlreichen Attraktionen wie einer Kletterwand, Bergbaustollen und einer Graffitiwand.
Parkeintritt frei, unterschiedliche Preise (und Öffnungszeiten) für die Anlagen
Tel.: 0209-95160
www.nordsternpark.de

Besucherterrasse Nordsternturm

Herzstück des Parks. Denkmalgeschützter Förderturm mit 18 Etagen. In rund 83 m Höhe bietet die luftige Panoramaterrasse

Die Doppelbogenbrücke über dem Rhein-Herne-Kanal – Wahrzeichen des Nordsternparks

Nordsternpark mit dem Fördergerüst und Nordsternturm

Blick von der Besucherterrasse des Nordsternturms

einen einmaligen Ausblick über das Revier. Auf dem Turm thront der Herkules von Gelsenkirchen, eine 18 m hohe Skulptur des Künstlers Markus Lüpertz.
**Mo-Do u. So 11-18 Uhr,
Fr/Sa 11-17, Museum nur Sa/So
1-2,50 Euro, Terrasse und
Ausstellung 3-4 Euro
www.nordsternturm.de**

5 ZOOM Erlebniswelt

Siehe Tour 21.

TIPP:

Rundtour

Sie können diese Route mit der Tour 21 zu einer Rundtour verbinden. Die S-Bahnhöfe Essen-Altenessen und Essen-Zollverein Nord sind benachbarte Stationen.

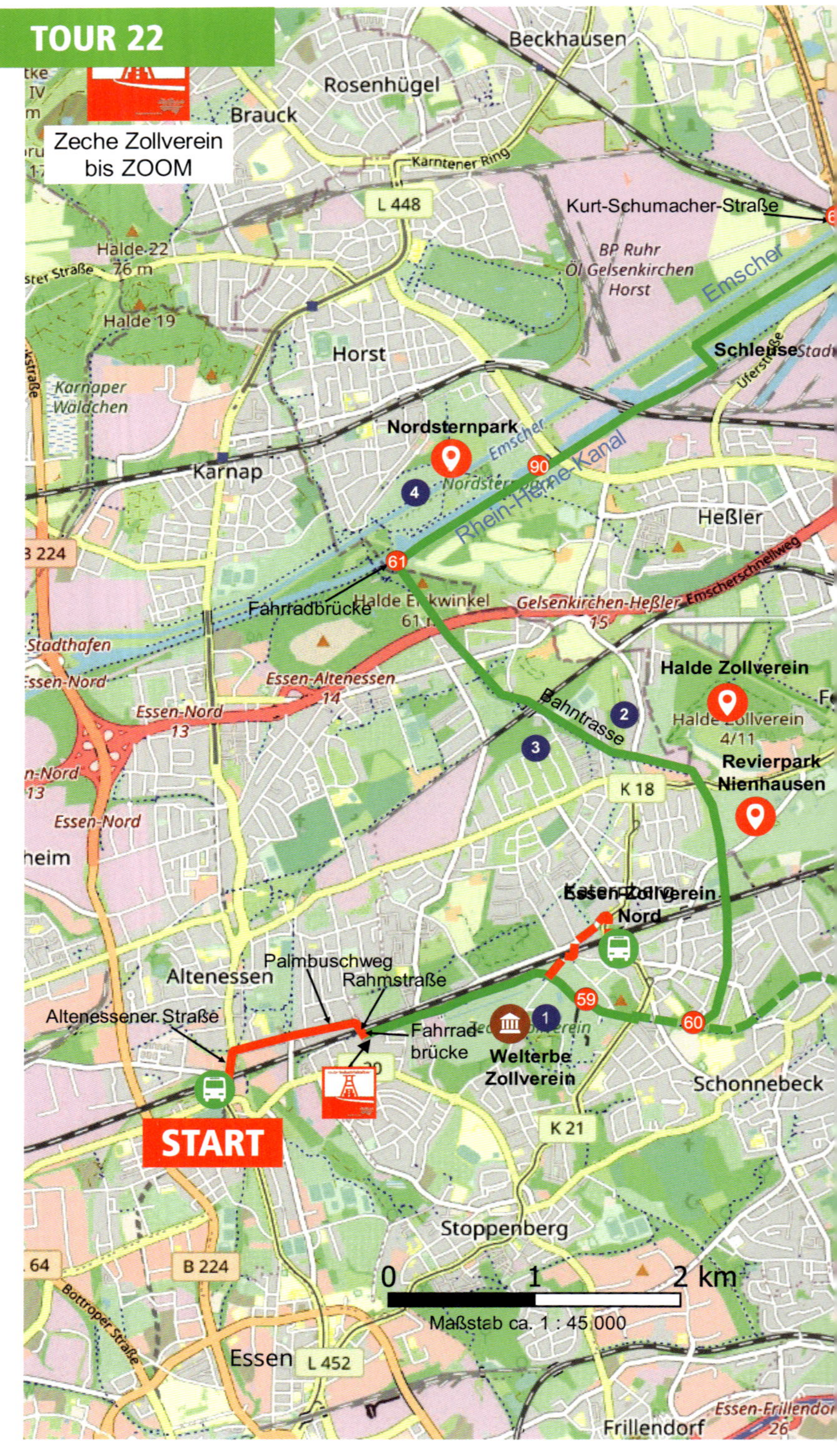

TOUR 22
Zeche Zollverein
bis ZOOM
Beckhausen
Rosenhügel
Brauck
Karntener Ring
L 448
Kurt-Schumacher-Straße
BP Ruhr
Öl Gelsenkirchen
Horst
Halde 22
76 m
Halde 19
Emscher
Schleuse
Uferstraße
Horst
Karnaper
Wäldchen
Nordsternpark
Emscher
Nordstern
90
Rhein-Herne-Kanal
Karnap
4
Heßler
B 224
61
Emscherschnellweg
Fahrradbrücke
Halde Erkwinkel
Gelsenkirchen-Heßler
15
Stadthafen
Essen-Nord
Essen-Altenessen
14
Essen-Nord
13
Halde Zollverein
Halde Zollverein
4/11
Bahntrasse
2
3
Revierpark
Nienhausen
K 18
Essen-Nord
13
Essen-Nord
Essen Zollverein
Nord
Palmbuschweg
Altenessen
Rahmstraße
59
Altenessener Straße
Fahrrad
brücke
1
Welterbe
Zollverein
60
Schonnebeck
START
K 21
Stoppenberg
B 224
Bottroper Straße
0
1
2 km
Maßstab ca. 1 : 45.000
Essen
L 452
Essen-Frillendorf
26
Frillendorf

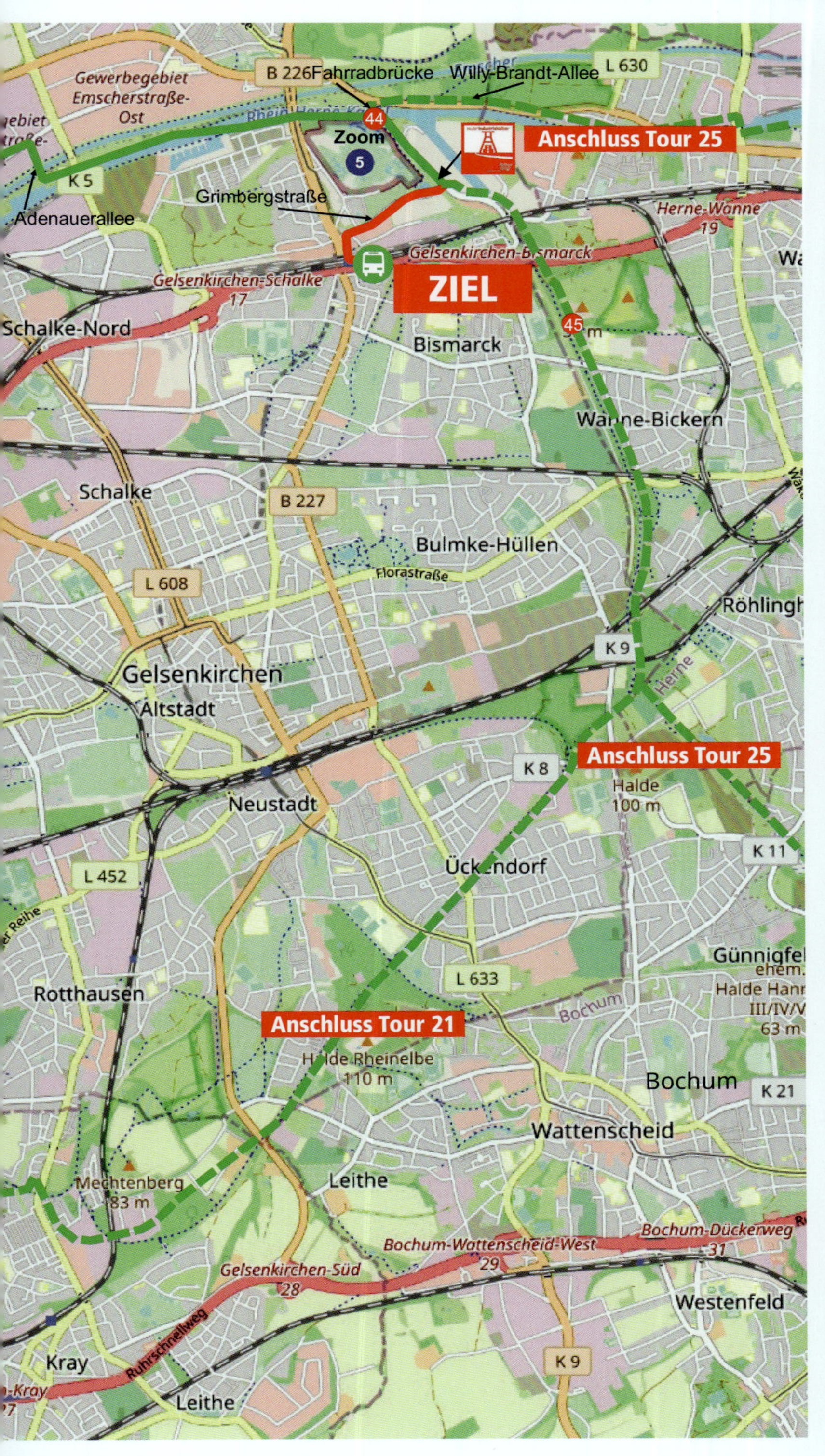

Gewerbegebiet Emscherstraße-Ost
B 226
Fahrradbrücke
Willy-Brandt-Allee
L 630
Zoom 5
44
Anschluss Tour 25
K 5
Adenauerallee
Grimbergstraße
Herne-Wanne 19
Gelsenkirchen-Schalke 17
ZIEL
45
Schalke-Nord
Bismarck
Wanne-Bickern
Schalke
B 227
Bulmke-Hüllen
Florastraße
L 608
Röhlingh
K 9
Gelsenkirchen
Altstadt
Anschluss Tour 25
K 8
Halde 100 m
Neustadt
K 11
L 452
Ückendorf
Günnigfel
L 633
Rotthausen
Anschluss Tour 21
Halde Rheinelbe 110 m
Bochum
K 21
Wattenscheid
Mechtenberg 83 m
Leithe
Bochum-Dückerweg 31
Bochum-Wattenscheid-West 29
Gelsenkirchen-Süd 28
Ruhrschnellweg
Westenfeld
Kray
K 9
Leithe

TOUR 23

30 km

leicht

VRR

Eine Lippe riskieren

Von Dorsten nach Friedrichsfeld (Voerde)

Die eher unscheinbare Lippe war einst ein bedeutender Schifffahrtsweg, insbesondere um Salz und Sand zu transportieren. Heute nutzen die Frachtschiffe die Kanäle. Unsere Route verläuft über einen Leinpfad am Wesel-Datteln-Kanal entlang, mit Ausnahme an der Schleuse Hünxe. Ab der Schleuse können Sie sich auch an den Schildern der Römer-Lippe-Route orientieren.

Einladende Gastronomie am Marktplatz in Dorsten mit dem Stirnberg-Brunnen

1 Dorsten

Im Zentrum der Industriestadt (bis 2001 auch Kohleförderung) stehen Reste der alten Stadtmauer. Sehenswert ist das um 1567 im Renaissancestil errichtete Alte Rathaus neben der St.-Agatha-Kirche.

Jüdisches Museum Westfalen
Julius-Ambrunn-Straße 1
46282 Dorsten
Auf zwei Ausstellungsetagen werden den Besuchern die jüdische Religion und die Geschichte des Judentums in Westfalen nähergebracht.

Di-Fr 10-12.30 Uhr u. 14-17 Uhr,
Sa/So 14-17 Uhr
2,50-5 Euro
Tel.: 02362-45279
www.jmw-dorsten.de

2 Haus Hagenbeck

Hagenbecker Straße 111
46284 Dorsten-Holsterhausen
Ehemaliger Rittersitz aus dem 13. Jh. der ritterlichen Familie von Hagenbe(e)cke. Erhalten sind noch die Kapelle und die Vorburg. Eine Besichtigung ist nur von außen möglich.

3 Burg Schermbeck

Burgstraße 10
46514 Schermbeck
Wasserschloss aus dem 14. Jh., einst als klevische Landesburg erbaut. Gut erhalten und seit 1662 in Privatbesitz. Keine Besichtigung möglich.

4 Schloss Gartrop

Schlossallee 4
46569 Hünxe (Gartrop-Bühl)
Das barocke Wasserschloss mit Vorburg, Wassermühle und Kapelle ist heute ein Hotel mit Restaurant und hübschem Biergarten im Schlosspark. Es führt eine Brücke über den Kanal.
Tel.: 02858-917570
www.schloss-gartrop.de

5 Mühle Holtmann

Auf dem Rahm
46514 Schermbeck
Östlichste Windmühle des Niederrheins. Der runde Backsteinbau entstand um 1830. Bis 1940 war die Turmwindmühle im Betrieb.1983 erhielt sie ein neues Flügelkreuz.

6 Krudenburg

Das alte Fischerdorf war früher eine wichtige Station der Treidler und ihrer Pferde, die über Leinpfade Lastkähne über die Lippe zogen. Der Name rührt von der ortsansässigen Krudenburg her, von der nur noch ein Turm und die Grundmauern erhalten sind. Das 300-Seelen-Dorf gehört heute zur Gemeinde Hünxe. An der Lippe gibt es schöne Picknickplätze.

7 Altes Wasserwerk Wesel

Fusternberger Straße 90
46485 Wesel
Das alte Wasserwerk versorgte von 1886 bis 1956 die Einwohner der Stadt Wesel mit Trinkwasser. Heute ist es ein technisches Baudenkmal.
Eintritt frei
Tel.: 0281-9660242 (Besichtigung nach Voranmeldung)

8 Wesel

Gegenüber dem Bahnhof beginnt die Innenstadt. Im Zweiten Weltkrieg wurde Wesel durch die alliierte Operation „Market Garden" (Rheinüberquerung) zu 98 % zerstört. Auch das Berliner Tor aus dem 18. Jh. wurde dabei beschädigt. Es zeugt von einer Zeit, in der Wesel eine wichtige preußische Garnisonsstadt war. Am Ende der Fußgängerzone erhebt sich der fünfschiffige Willibrordi-Dom. An seiner Ostseite entdeckt man eine Tafel, die an den Weseler Bürger Peter Minuit (1585/1594–1638) erinnert, den vermeintlichen Gründer von Nieuw Amsterdam (heutiges New York). Vor ein paar Jahren wurde die gotische Fassade des ebenfalls völlig zerstörten Rathauses rekonstruiert. Sie vermittelt eine Ahnung von der großen Bedeutung Wesels als Hansestadt. Seinerzeit war Wesel größer als Dortmund.

TIPP:

Über eine weitere abwechslungsreiche Themenwegschleife der „Römer-Lippe-Route" können Sie mit dem Fahrrad nördlich der Lippe über eine ausgebaute Bahntrasse wieder zurück nach Dorsten fahren (28 km). Ab der A31-Brücke führt ein direkter Radwanderweg geradeaus ins Zentrum. Auf den neuen Lippefähren kann man mit Muskelkraft von April bis Oktober übersetzen.

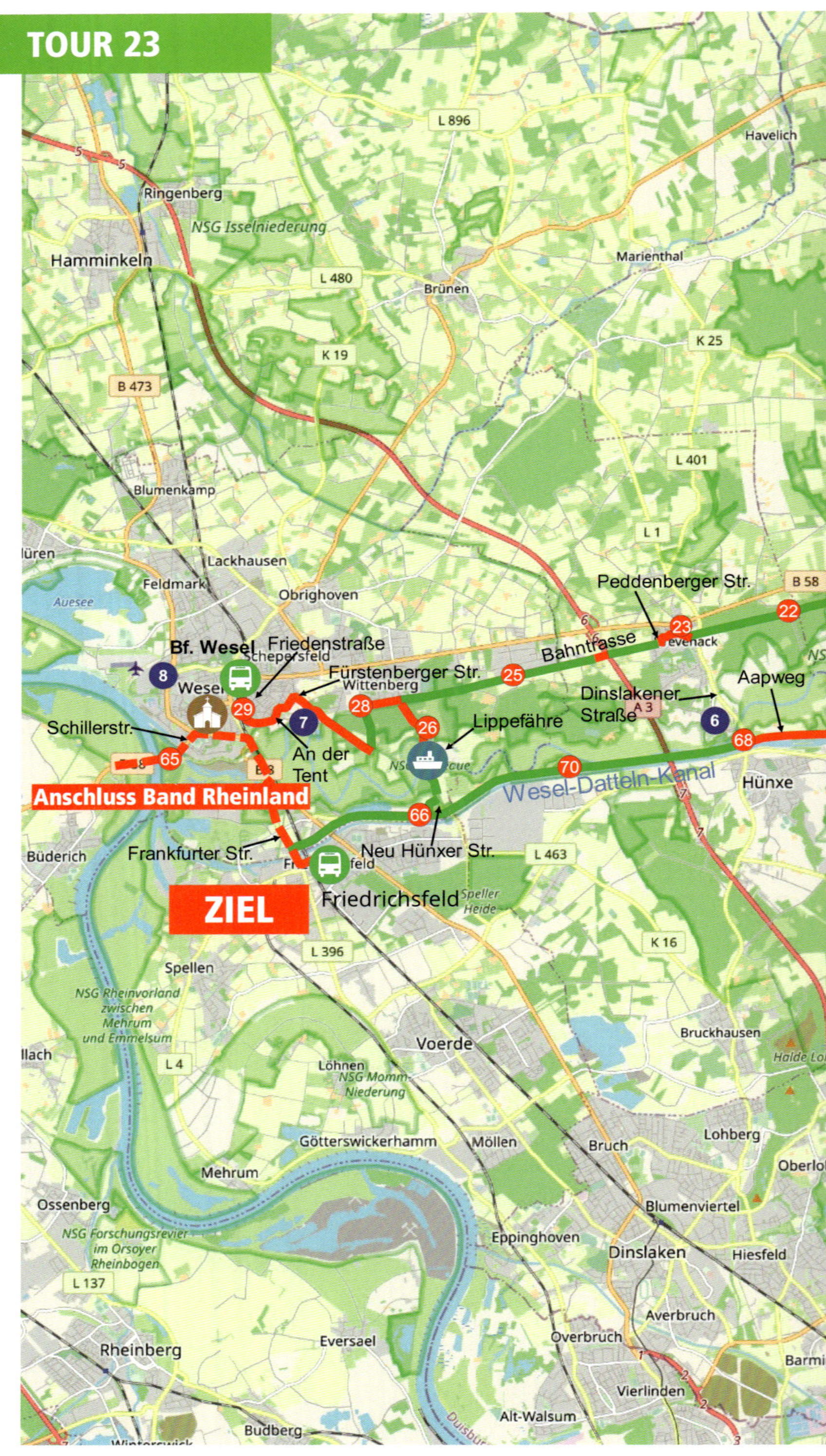
TOUR 23
L 896
Havelich
Ringenberg
NSG Isselniederung
Hamminkeln
Marienthal
L 480
Brünen
K 25
K 19
B 473
L 401
Blumenkamp
L 1
Lackhausen
Feldmark
Obrighoven
Peddenberger Str.
B 58
Auesee
Bf. Wesel
Friedenstraße
Schepersfeld
Bahntrasse
Fürstenberger Str.
Wittenberg
Wesel
Aapweg
Dinslakener Straße
A 3
Schillerstr.
Lippefähre
An der Tent
Wesel-Datteln-Kanal
Hünxe
Anschluss Band Rheinland
Büderich
Frankfurter Str.
Neu Hünxer Str.
L 463
ZIEL
Friedrichsfeld
Speller Heide
L 396
K 16
Spellen
NSG Rheinvorland zwischen Mehrum und Emmelsum
Bruckhausen
Voerde
L 4
Löhnen
NSG Momm-Niederung
Götterswickerhamm
Möllen
Bruch
Lohberg
Mehrum
Ossenberg
Blumenviertel
NSG Forschungsrevier im Orsoyer Rheinbogen
Eppinghoven
Dinslaken
Hiesfeld
L 137
Averbruch
Overbruch
Rheinberg
Eversael
Vierlinden
Alt-Walsum
Budberg

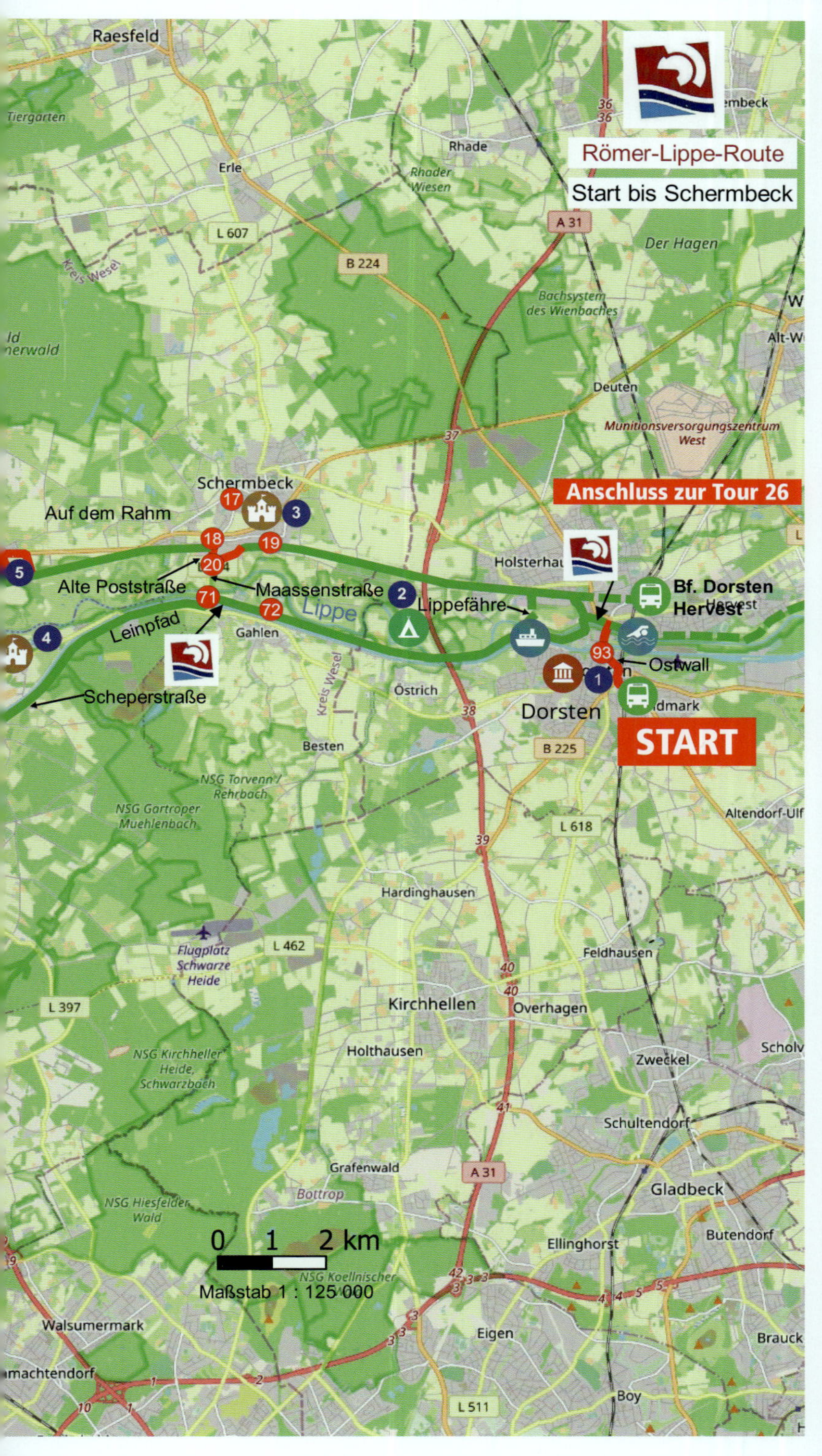

Römer-Lippe-Route
Start bis Schermbeck
Anschluss zur Tour 26
Schermbeck
Auf dem Rahm
Alte Poststraße
Maassenstraße
Leinpfad
Scheperstraße
Lippefähre
Bf. Dorsten Hervest
Ostwall
Dorsten
START
Raesfeld
Erle
Rhade
Holsterhausen
Gahlen
Östrich
Besten
Deuten
Hardinghausen
Feldhausen
Kirchhellen
Overhagen
Holthausen
Zweckel
Schultendorf
Grafenwald
Gladbeck
Butendorf
Ellinghorst
Walsumermark
Eigen
Boy
Brauck
Altendorf-Ulf
Munitionsversorgungszentrum West
Flugplatz Schwarze Heide
0 1 2 km
Maßstab 1 : 125 000

TOUR 24

23 km

leicht

VRR

Mit dem Strom

Rundkurs von und nach Recklinghausen-Süd

Diese Tour führt an zwei Wasserwegen entlang, die das Ruhrgebiet mitprägten. Auf dem Rhein-Herne-Kanal wurde früher Kohle transportiert. Die Emscher wurde als Abwasserkanal missbraucht. Beide haben sich grundlegend zu Gewässern mit hohem Freizeitwert verändert. Leinpfade an den Ufern wurden zu romantischen Radwegen.

Das 1928 erbaute Umspannwerk Recklinghausen beherbergt ein spannendes Museum.

1 Museum Strom und Leben

Uferstraße 2-4
45663 Recklinghausen
Ein denkmalgeschütztes Umspannwerk. Die Ausstellung ist eine Zeitreise durch die Geschichte der Elektrizität – zum Ausprobieren und Staunen.
Mo-Sa 10-17 Uhr, So 10-18 Uhr
4-5,50 Euro
Tel.: 02361-98422-16 oder -17
www.umspannwerk-recklinghausen.de

2 Emscher-Durchlass

Ungewöhnliche Kreuzung von Fluss und Rhein-Herne-Kanal. Die Emscher fließt hier unter dem Rhein-Herne-Kanal hindurch. Von hier aus können Sie auch längs des Kanals weiter bis zum sehenswerten Schleusenpark Waltrop fahren, wo Sie Anschluss an die Touren 10 und 15 haben.

3 Schloss Bladenhorst

Westring 346
44579 Castrop-Rauxel
Das Wasserschloss im Stil der Spätrenaissance beeindruckt mit einem mächtigen Torhaus. Es befindet sich in Privatbesitz und kann nicht besichtigt werden.

Das Wasserschloss Bladenhorst

4 Schloss Strünkede

Karl-Brandt-Weg 5
44629 Herne
Das aus dem Mittelalter stammende Wasserschloss Strünkede wurde im 17. Jh. im frühbarocken Stil umgebaut. Als Emschertal-Museum beherbergt es heute zahlreiche Exponate und dokumentiert die Historie des Herner Stadtgebiets und der Adelsfamilie von Strünkede, die hier 500 Jahre lebte. Die Städtische Galerie im Schlosspark zählt ebenfalls zum Emschertal-Museum. Sie zeigt in regelmäßigen Sonderausstellungen zeitgenössische Kunst von deutschen und internationalen Künstlern.

Im Emschertal-Museum

Emschertal-Museum
Di-Fr 10-13 Uhr u. 14-17 Uhr,
Sa 14-17 Uhr, So 11-17 Uhr
0,50-3 Euro
Tel.: 02323-162611
www.emschertal-museum.herne.de

Schloss Strünkede ist Heimat für die kultur- und stadtgeschichtlichen Sammlungen des Emschertal-Museums.

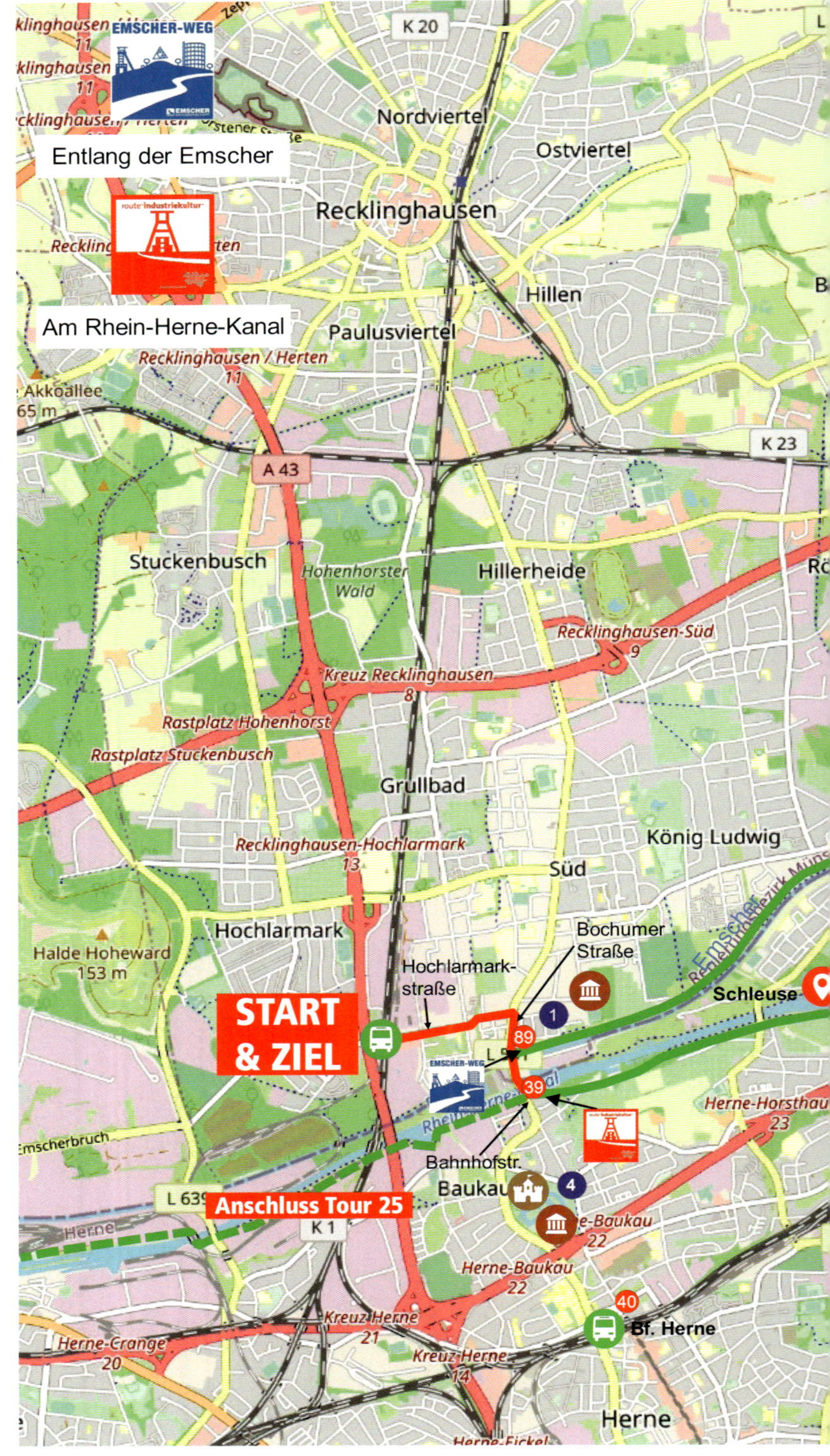

Entlang der Emscher
Am Rhein-Herne-Kanal
Recklinghausen
Nordviertel
Ostviertel
Hillen
Paulusviertel
Stuckenbusch
Hohenhorster Wald
Hillerheide
Recklinghausen-Süd
Kreuz Recklinghausen
Rastplatz Hohenhorst
Rastplatz Stuckenbusch
Grullbad
Recklinghausen-Hochlarmark
König Ludwig
Süd
Hochlarmark
Halde Hoheward
153 m
Bochumer Straße
Hochlarmark-straße
Schleuse
START & ZIEL
Bahnhofstr.
Baukau
Anschluss Tour 25
Herne-Horsthausen
Herne-Baukau
Kreuz Herne
Herne-Crange
Bf. Herne
Herne
Emscher

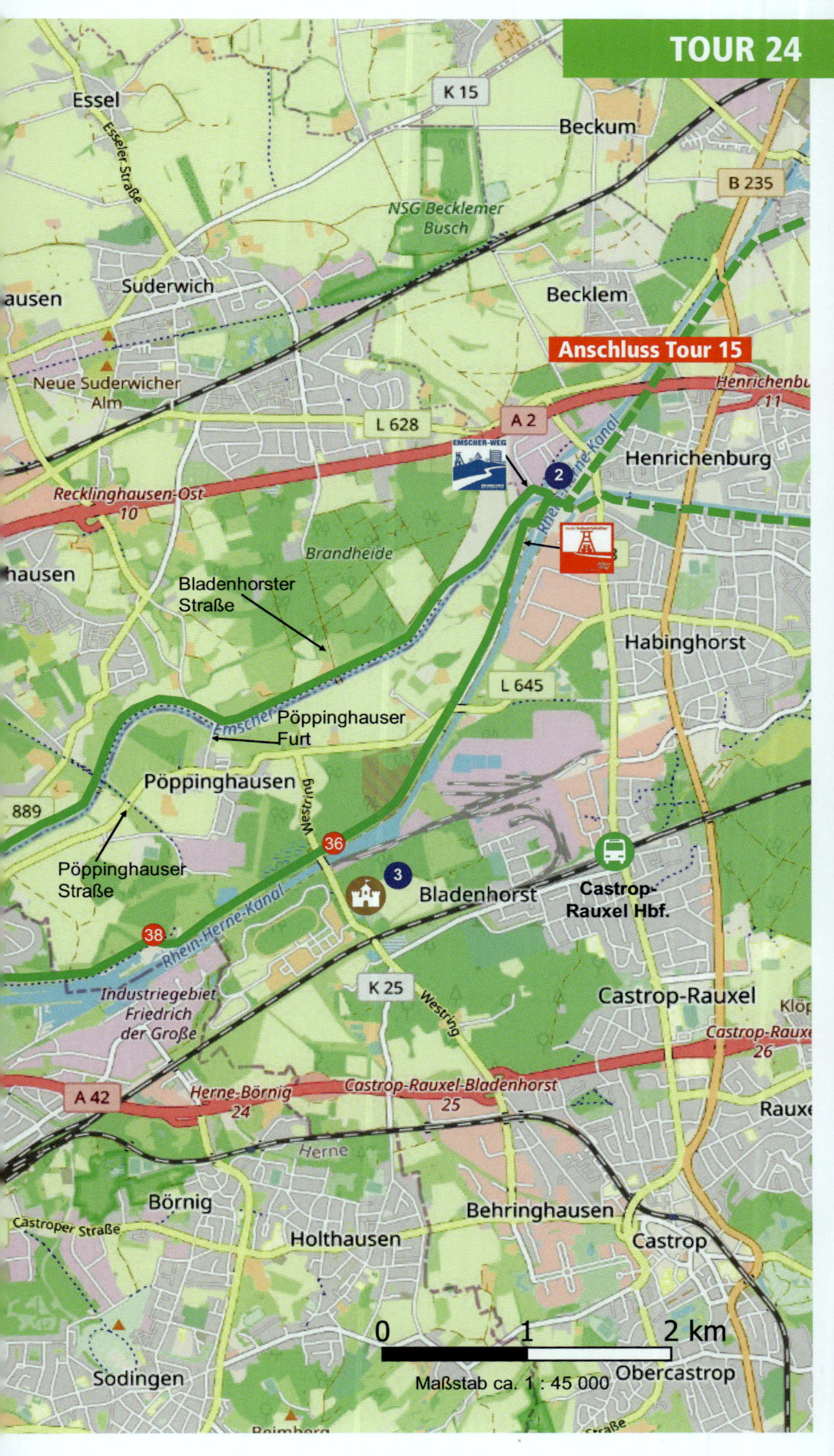

Essel
Esseler Straße
K 15
Beckum
B 235
NSG Becklemer Busch
Suderwich
Becklem
Anschluss Tour 15
Neue Suderwicher Alm
L 628
A 2
Henrichenburg
Recklinghausen-Ost
10
Brandheide
Bladenhorster Straße
Habinghorst
L 645
Pöppinghauser Furt
Emscher
Pöppinghausen
Westring
889
36
3
Pöppinghauser Straße
Bladenhorst
Castrop-Rauxel Hbf.
38
Rhein-Herne-Kanal
Industriegebiet Friedrich der Große
K 25
Westring
Castrop-Rauxel
A 42
Herne-Börnig
24
Castrop-Rauxel-Bladenhorst
25
Herne
Börnig
Castroper Straße
Holthausen
Behringhausen
Castrop
0
1
2 km
Maßstab ca. 1 : 45 000
Sodingen
Obercastrop

TOUR 25

28 km

leicht

VRR

Das Herz der Schwerindustrie

Von Recklinghausen-Süd nach Bochum Hbf

Durch Kanalhäfen und Schleusen herrscht in Herne rege Betriebsamkeit. Auf der Tour begegnen Ihnen Relikte der Schwerindustrie – aber auch grüne Zonen. Die Orientierung auf dieser Route ist leicht. Zunächst geht es über den Leinpfad immer am Kanal entlang und über die Trasse der ehemaligen Erzbahn ins Stadtzentrum von Bochum. Nur die neue Radbrücke am Grimberger Hafen in Gelsenkirchen (zum Ruhrzoo ZOOM) dürfen Sie nicht verpassen. Die Strecke der Erzbahn diente ab 1930 dem Erztransport zum Stahlwerk Bochumer Verein. Ein Highlight ist die aufwendige Brückenkonstruktion im Bochumer Stadtteil Hamme (über Gahlensche Str.), die sogenannte Erzbahnschwinge.

1 Haus Crange

Altcrange 15
44653 Herne
Ruine einer alten Wasserburg. In der Nachbarschaft stehen ein paar Fachwerkhäuser. Landesweit hat der Stadtteil durch die Cranger Kirmes Bekanntheit erlangt, mit rund 4 Mio. Besuchern im Jahr eines der größten deutschen Volksfeste (beginnt immer am ersten Freitag im August und dauert zehn Tage).

2 Künstlerzeche Unser Fritz

Zur Künstlerzeche 10
44653 Herne
Begegnungen mit der Kunst in einer ehemaligen Zeche – elf Ateliers haben dort ihren Platz gefunden.
Während Ausstellungen: Mi u. Sa 15-18 Uhr, So 14-17 Uhr
Eintritt frei
Tel.: 02325-3934
www.kuenstlerzeche.de

3 ZOOM Erlebniswelt

Siehe Tour 21.

4 Zeche Hannover

Günnigfelder Str. 251
44793 Bochum
Die Zeche schloss 1973 als letztes Bochumer Bergwerk. Vom Malakowturm aus haben Sie eine schöne Aussicht. Kinder lassen sich vom Kinderbergwerk Zeche Knirps begeistern. Zudem finden wechselnde Ausstellungen statt.
April-Okt. Mi-Sa 14-18 Uhr,
So u. feiertags 11-18 Uhr
Eintritt frei
Tel.: 0234-2825390
www.zeche-hannover.de

Die Siedlung Dahlhauser Heide

5 Dahlhauser Heide Bochum

Die liebevoll auch Kappeskolonie genannte Siedlung wurde von der Firma Krupp für die Bergleute der Zeche Hannover und der Zeche Hannibal errichtet. Die Architektur der Häuser wird als Heimatstil bezeichnet, da die Gebäude in Anlehnung an vorindustrielle Bauformen gestaltet wurden.

Kathedrale der Industriekultur:
die Jahrhunderthalle in Bochum

6 Jahrhunderthalle und Westpark

An der Jahrhunderthalle 1
44793 Bochum
Die luftige Stahlkonstruktion der Jahrhunderthalle wurde 1902 für die Gewerbeausstellung Düsseldorf errichtet und später nach Bochum versetzt. Die Jahrhunderthalle ist Zentrum des neuen Bochumer Westparks, inzwischen eine der attraktivsten Parkanlagen Deutschlands und Schauplatz für verschiedene Veranstaltungen, u. a. die Ruhrtriennale.
Tel.: 0234-3693111
www.jahrhunderthalle-bochum.de

7 Bochum-City

Seit Anfang des 19. Jh. wuchs das Provinzstädtchen durch den Bergbau zur Großstadt mit heute ca. 365.000 Einwohnern. Sehenswert ist die mittelalterliche Propsteikirche Peter und Paul mit ihrer wertvollen Ausstattung aus romanischem Taufstein, Reliquienschrein und Hochaltar. Unweit des Zentrums liegt das überregional bekannte „Bermuda3eck" – ein Areal mit einer hohen Dichte von gastronomischen Betrieben. Statt hier den Ausflugstag ausklingen zu lassen, können Sie aber auch direkt die Tour 26 weiterradeln ins Ruhrtal.

Das Deutsche Bergbau-Museum in Bochum

Deutsches Bergbau-Museum Bochum

Das größte Bergbaumuseum der Welt gibt mit einen originalgetreues Anschauungsbergwerk und 12.000 qm Ausstellungsfläche eindrucksvolle Einblicke in die Arbeit der Kumpel. Das Museum wurde 1930 gegründet und zählt zu den meistbesuchten Museen Deutschlands. Der 70 m hohe Förderturm stand einst in Dortmund. Von der Aussichtsplattform haben Sie einen Ausblick auf Bochum und die umliegenden Orte.
Deutsches Bergbau-Museum
Am Bergbaumuseum 28
44791 Bochum
Di-So 9.30-17.30 Uhr,
jeden 1. Do 9.30-20.30 Uhr
5-10 Euro
Tel.: 0234-5877126
www.bergbaumuseum.de

Kunstmuseum Bochum (moderne Kunst)

Kortumstraße 147
44777 Bochum
Di-So 10-17 Uhr
2,50-5 Euro
Tel.: 0234 910 – 42 30
www.kunstmuseumbochum.de

Vom Rhein-Herne-Kanal
bis zum Westpark
Resser Mark
Münsterstraße
B 226
Emscher
L 630
Gewerbegebiet
Emscherstraße-
Ost
Gewerbegebiet
Emscherstraße-
West
Rhein-Herne-Kanal
44
Brücke
3
2
Leinpfad
Anschluss Tour 22
Bf. Gelsenkirchen
Zoo
Herne-Wanne
19
Gelsenkirchen-Bismarck
18
Gelsenkirchen-Schalke
17
Grimbergstraße
Schalke-Nord
Bismarck
45
Wanne-Bickern
Schalke
B 227
A 42
Bulmke-Hüllen
Florastraße
L 608
Röhling
Lange Brücke
Gelsenkirchen
Altstadt
46
Herne
Erzbahntrasse
K 8
Halde
100 m
Neustadt
K 11
L 452
Ückendorf
Anschluss Tour 21
Günnigfe
L 633
Rotthausen
Bochum
0
1
2 km
Halde Rheinelbe
110 m
Maßstab 1 : 50 000
Wattenscheid
Mechtenberg
83 m
Leithe
Bochum-Dückerweg
31
Bochum-Wattenscheid-West
29
Gelsenkirchen-Süd
28
Ewaldstraße
107 m

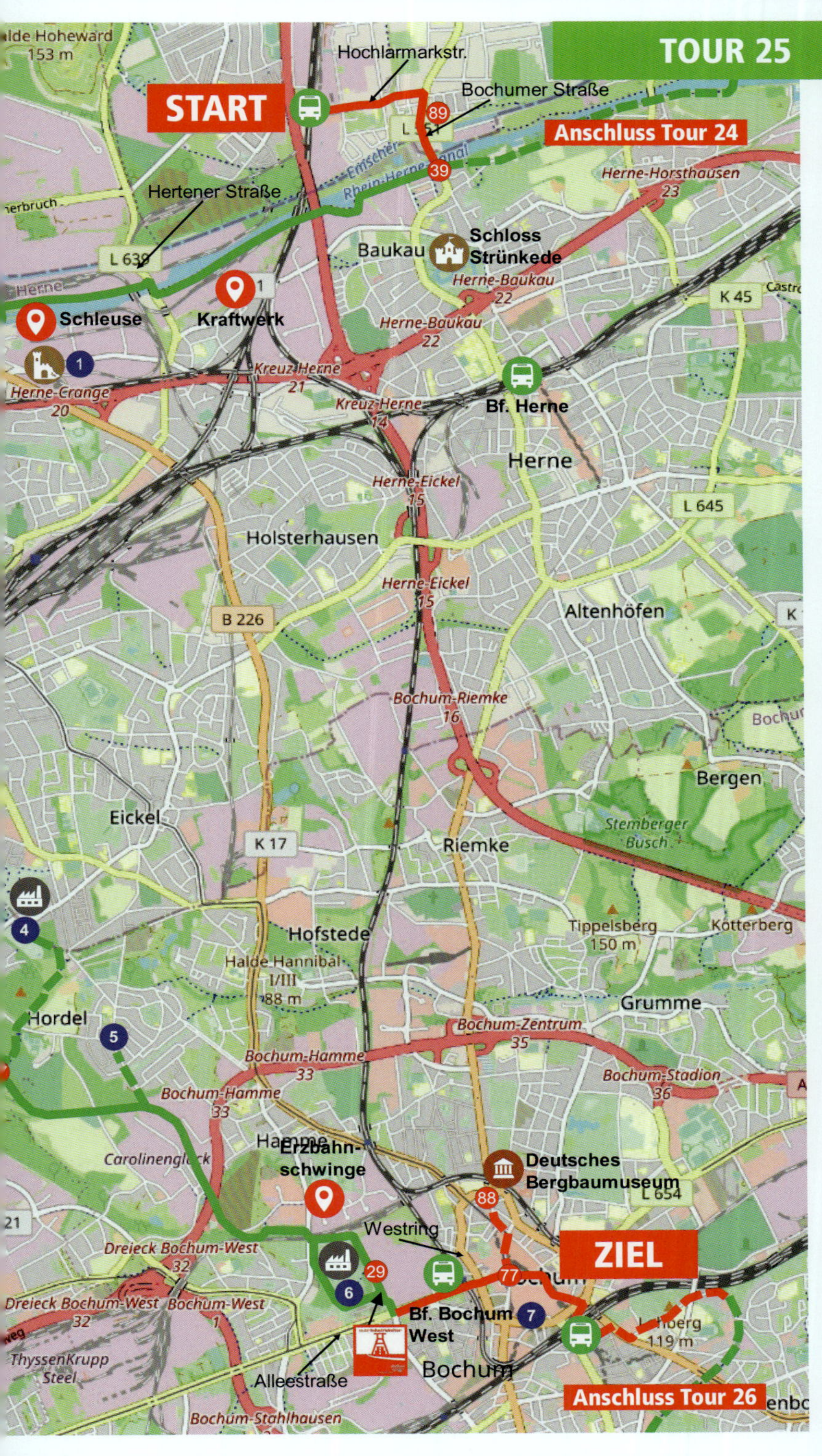
START
Hochlarmarkstr.
Bochumer Straße
Anschluss Tour 24
Hertener Straße
Schloss Strünkede
Schleuse
Kraftwerk
Bf. Herne
Herne
Holsterhausen
Altenhöfen
Bergen
Eickel
Riemke
Hofstede
Hordel
Grumme
Erzbahn-schwinge
Deutsches Bergbaumuseum
Westring
ZIEL
Bf. Bochum West
Alleestraße
Bochum
Anschluss Tour 26

TOUR 26

21 km

leicht*

VRR

Hinab ins Ruhrtal

Von Bochum Hbf nach Hattingen (Ruhr)

In Mittelalter siedelten die Menschen lieber oberhalb statt unten im sumpfigen Ruhrtal. So sind die Keimzellen der großen Ruhrgebietsstädte entstanden, die alle an dem alten Handelsweg – dem Hellweg – liegen. Seit 2019 verbindet der ausgebaute Springorum-Radweg das Bochumer Zentrum mit dem Ruhrtal. Gut 100 Jahre lang fuhren Kohlezüge über diese Bahntrasse von Essen-Steele nach Bochum-Langendreer. Etwa 80 Meter tiefer folgen Sie der beschaulichen Ruhr flussaufwärts nach Hattingen, dass wegen seiner über 100 Fachwerkhäuser auch den Beinamen „Rothenburg des Ruhrgebiets" trägt.

Haus Weitmar, Herrenhaus-Ruine mit Kubus in Bochum

1 Bochum Zentrum

Siehe Tour 25

2 Haus Weitmar

Das Haus Weitmar ist ein ehemaliger Adelssitz, dessen Wurzeln im 8./9. Jh. zu finden sind. Im Laufe der Jahrhunderte wurde die Anlage zu einem repräsentativen Sitz ausgebaut. Haus Weitmar wurde – ebenso wie die nahegelegenen mittelalterliche Sylvesterkapelle – im Zweiten Weltkrieg durch Fliegerbomben zerstört und auch nicht wiederaufgebaut. Die Ruine des Herrenhauses ist mit einem architektonisch interessanten Kubus-Neubau kombiniert. Neben der Ruine der Sylvesterkapelle lohnt sich auch ein Besuch des Kunstmuseums „Situation Kunst" (zeitgenössische Kunst). Die Ausstellung ist vor ein paar Jahren um ein Untergrundmuseum (Museum unter Tage) erweitert worden. Im Schosspark sind ca. ein Dutzend Skulpturen aufgestellt.

Situation Kunst und Museum unter Tage (MuT)
Schlossstraße 13
44795 Bochum
Mi-Fr 14-18 Uhr, Sa/So 12-18 Uhr
Eintritt frei
Tel.: 0234-2988901
www.situation-kunst.de

Eisenbahnmuseum Bochum in Dahlhausen

3 Eisenbahnmuseum Bochum

Dr.-C.-Otto-Straße 191
44879 Bochum
Mit 120 Fahrzeugen, u. a. dem Speisewagen des Orientexpresses und dem Salonwagen eines Regierungszuges des Dritten Reichs, ist das Museum das größte private seiner Art in Deutschland. Sehenswert sind vor allem die schweren Lokomotiven. Regelmäßig werden Sonderfahrten mit Dampflokomotiven angeboten.
März-Nov. Di-So 10-17 Uhr
9 Euro, Kinder 6-14 J. 4,50 Euro
Tel.: 0234-492516
www.eisenbahnmuseum-bochum.de

 Leinpfad unterhalb des Isenbergs

Hattingen

Die autofreien Routen in diesem Buch nutzen oft alte Leinpfade. Am Hattinger Teilstück, welches noch im Originalzustand erhalten ist, gab es einst eine wichtige Furt über die Ruhr, die schon im Mittelalter genutzt wurde. Der Pfad zeugt noch heute von einer Zeit, zu der Treidler mit Seilen mühevoll Lastkähne flussaufwärts zogen.

Haus Custodis innerhalb der Ruinen der Isenburg in Hattingen

5 Ruine Isenburg

Am Isenberg 2
45529 Hattingen
Auf dem Berg steht die Ruine einer einst mächtigen Burganlage aus dem 13. Jh. Mitten auf dem Ruinengelände befindet sich auch das Landhaus Custodis mit Museum.
April- Okt. tägl. 15-17 Uhr,
Nov.-März 14-16 Uhr
frei (Spenden werden erbeten)
Tel.: 02324-951395 (Tourist-Info)
www.burg-isenberg.de

 Hattingen

Siehe Tour 27

*ab Haus Weitmar gibt es ein Gefälle zum Ruhrtal runter

TOUR 26

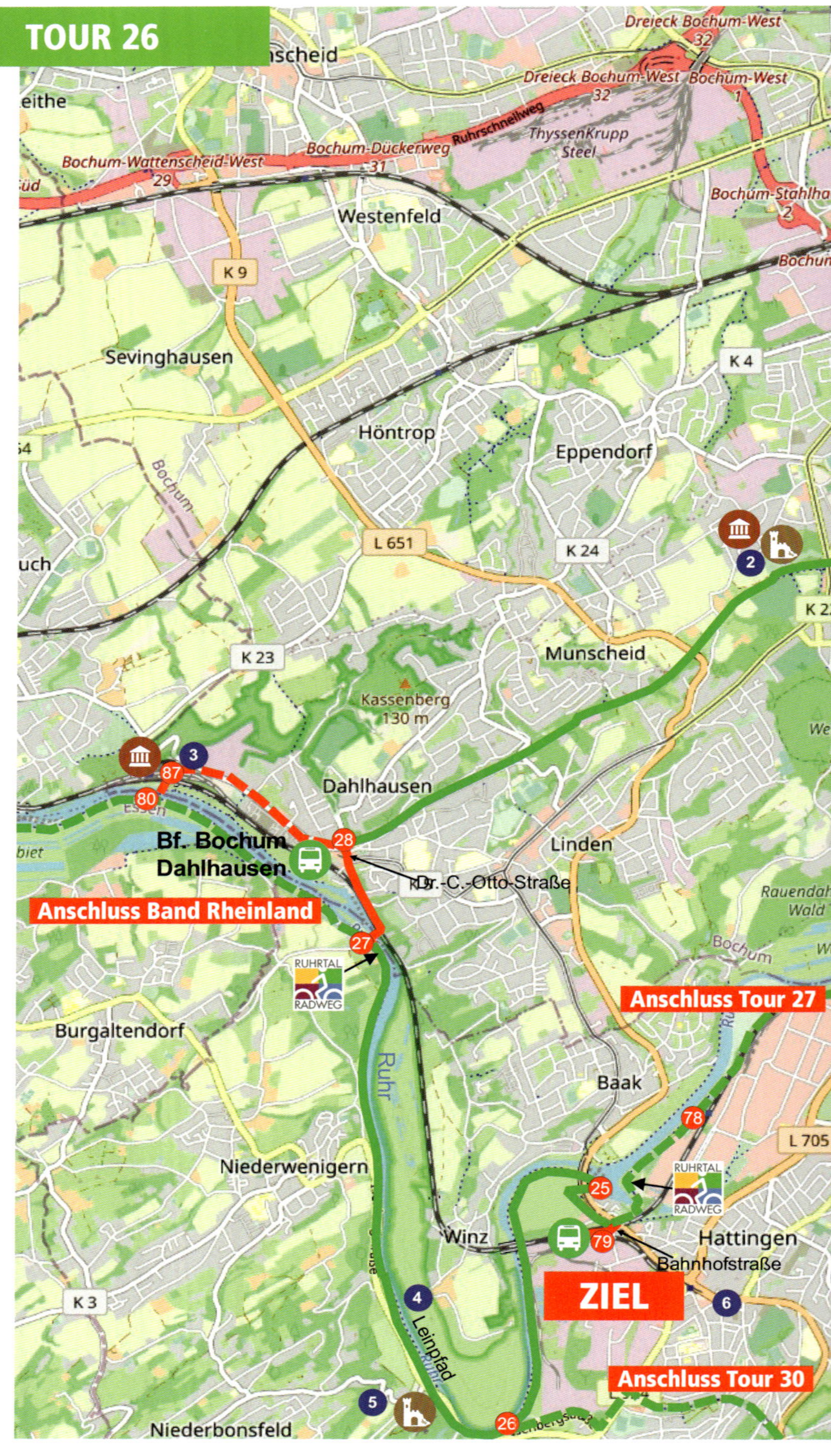

Bf. Bochum Dahlhausen
Dr.-C.-Otto-Straße
Anschluss Band Rheinland
Anschluss Tour 27
ZIEL
Bahnhofstraße
Anschluss Tour 30
Westenfeld
Sevinghausen
Höntrop
Eppendorf
Munscheid
Kassenberg 130 m
Dahlhausen
Linden
Burgaltendorf
Baak
Niederwenigern
Winz
Hattingen
Niederbonsfeld
Leinpfad
Ruhr
Rauendahler Wald
ThyssenKrupp Steel
Ruhrschnellweg
Bochum-Wattenscheid-West 29
Bochum-Dückerweg 31
Dreieck Bochum-West 32
Bochum-West 1
Bochum-Stahlhausen 2
RUHRTAL RADWEG

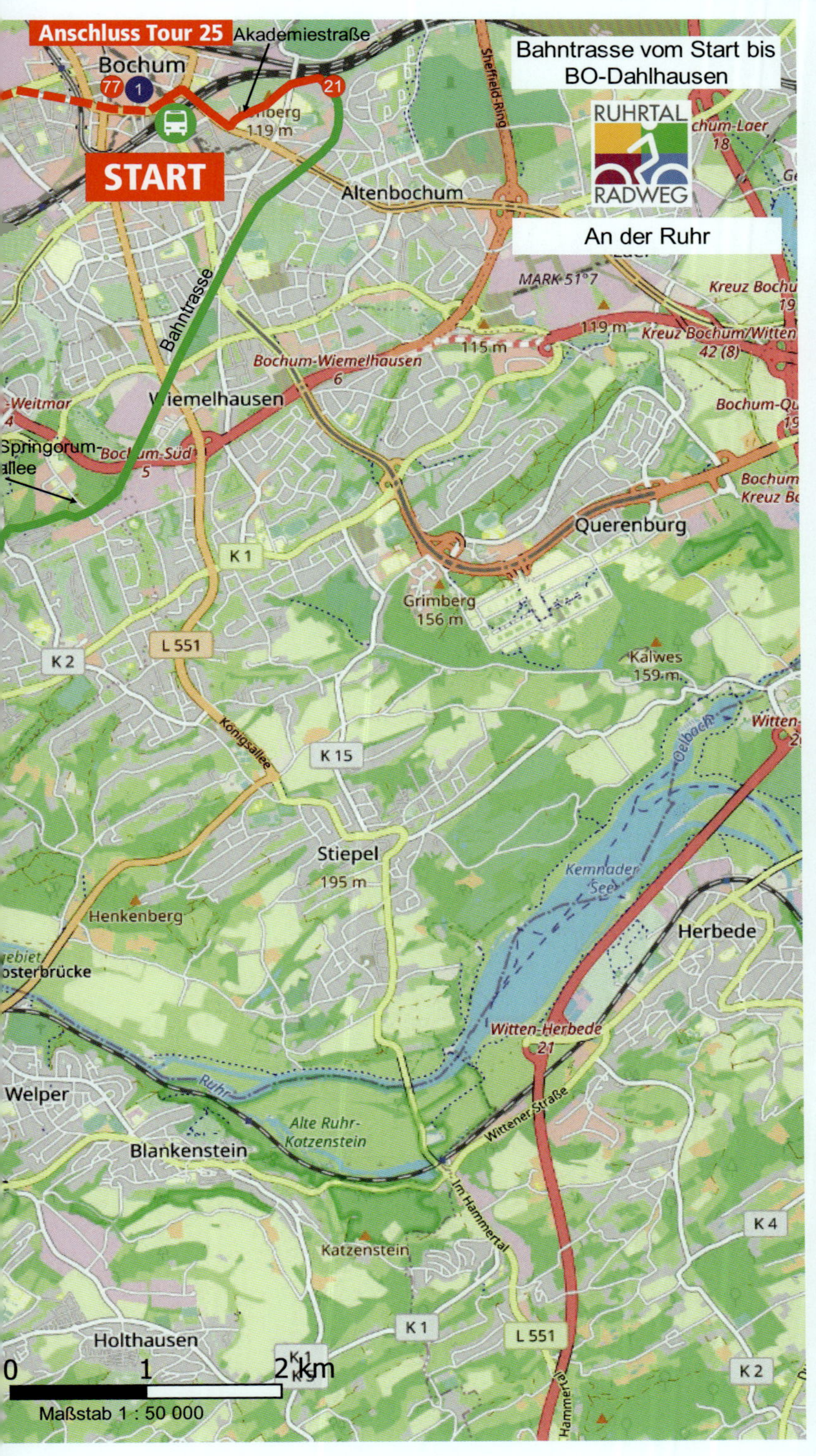

Anschluss Tour 25
Akademiestraße
Bochum
START
Bahntrasse vom Start bis BO-Dahlhausen
RUHRTAL RADWEG
An der Ruhr
Altenbochum
Bahntrasse
Sheffield-Ring
Wiemelhausen
Bochum-Wiemelhausen 6
Springorum-allee
Querenburg
Grimberg 156 m
Kalwes 159 m
Königsallee
Stiepel 195 m
Kemnader See
Oelbach
Herbede
Witten-Herbede 21
Henkenberg
Welper
Blankenstein
Ruhr
Alte Ruhr-Katzenstein
Wittener Straße
Im Hammertal
Katzenstein
Holthausen
0 1 2 km
Maßstab 1 : 50 000

TOUR 27

29 km

leicht

VRR

Auf den Spuren der Kumpel

Von Hattingen (Ruhr) nach Wetter (Ruhr)

Diese Tour verläuft über die gesamte Distanz entlang der Ruhr. Am Zielort haben Sie Anschluss an die Tour 28, die auch den Ruhrradwanderweg nutzt (www.ruhrtalradweg.de). Auf dieser Strecke haben Sie auch die Möglichkeit mit einer historischen Eisenbahn von Wengern-Ost wieder zurück nach Hattingen zu fahren. Der Zug verkehrt von Mai bis Oktober sonntäglich sowie an bestimmten Feiertagen (Informationen über das Eisenbahnmuseum Bochum, siehe Tour 26).

Altstadt von Hattingen mit dem schiefen Turm der St.-Georgs-Kirche

1 Hattingen

Nehmen Sie sich Zeit – der historische Ortskern mit seinen vielen Fachwerkhäusern ist wirklich zauberhaft. Die geschnitzten Eichenbalken dieser Häuser waren Ausdruck eines gewissen Wohlstands der Bürger im Mittelalter. Auch der in seiner Geschlossenheit erhaltene Kirchplatz mit der St.-Georgs-Kirche und die umliegenden 143 denkmalgeschützten Häuser sind einen Besuch wert. Die Haupteinkaufsstraße in der Innenstadt ist Fußgängern vorbehalten.

2 LWL-Industriemuseum Henrichshütte Hattingen

Werksstraße 31-33
45527 Hattingen
10.000 Menschen arbeiteten einst auf dem Gelände der Eisenschmiede, die 2004 endgültig den Betrieb einstellte. Heute beherbergt das Industriemuseum den ältesten noch erhaltenen Hochofen im Revier. Wer wissen möchte, wie aus Eisenerz Roheisen hergestellt wird, der findet in der Hütte eine anschauliche Erklärung.
Di-So 10-18 Uhr
2,50-5 Euro
Tel.: 02324-9247140
www.henrichshuette.de

Industriemuseum Henrichshütte in Hattingen

3 Historischer Bergbauwanderweg Bochum-Süd

16 km langer Rundwanderweg durchs Lottental, über Stiepel bis nach Rauendahl. Etwa 30 Zeugnisse aus der Frühgeschichte des Steinkohleabbaus im Ruhrgebiet können auf dem Weg besichtigt werden. Die Radroute führt teilweise an diesem Weg entlang.

4 Evangelische Pfarrkirche

Brockhauser Straße 72a
44797 Bochum-Stiepel
Romanische Basilika aus dem 12. Jh., ältestes erhaltenes Bauwerk in Bochum. Im Kircheninnern findet man spätmittelalterliche Wandmalereien. Auf dem Friedhof stehen Grabsteine aus dem 17. und 18. Jh.
Tel.: 0234-791337
www.bochum-stiepel.ekvw.de

Haus Kemnade nahe dem Kemnader See

5 Haus Kemnade

An der Kemnade 10
45527 Hattingen
Das heutige Gebäude wurde im Stil der Renaissance auf den Ruinen des 1589 abgebrannten Hauses errichtet. Der vorgelagerte Gutshof kam erst im 18. Jh. dazu. Im Haus befinden sich die größte

Musikinstrumentensammlung NRWs, die Sammlung Grumbt und die Ostasiatische Sammlung Erich. Hinter Haus Kemnade steht das Bauernhausmuseum, ein ehemaliger Meierhof aus Stiepel. Der einstige Schweinestall beherbergt heute die Schatzkammer der Sparkasse Bochum, eine geldhistorische Ausstellung (www.schatzkammer-kemnade.de). Zur Anlage gehört auch das gleichnamige Restaurant (www.hauskemnade.de).

Mai-Okt. täglich 12-18 Uhr,
Nov.-April täglich 11-17 Uhr
Eintritt frei
Tel.: 02324-30268
www.fv-hauskemnade.de

Haus Herbede in Witten

6 Haus Herbede

Von-Elverfeldt-Allee 12
58456 Witten

Die Ruine eines Ritterguts aus dem 12. Jh. beherbergt heute die Dokumentation über die Geschichte des Hauses, eine Galerie mit wechselnden Ausstellungen und einen Gastronomiebetrieb mit Biergarten.

Tel.: 02302-201211
www.hausherbede.de

7 Bergbauwanderweg Muttental

Witten-Bommern

An der Zeche Nachtigall beginnt ein 9 km langer Wanderweg mit 30 Stationen. Auf ihm passiert man u. a. ein Steigerhaus und die Muttentalpferdebahn. Auf dieser 6 km langen einstigen Schienenbahn zogen im 19. Jh. Pferde die Kohle in Loren (Waggons) von den Bergwerken in den Südosten des Ruhrgebiets, zu den Kohleniederlagen und Verladestationen.

Mundloch oder auch Stollenmundloch der ehemaligen Zeche Jupiter im Muttental

LWL-Industriemuseum

Zeche Nachtigall
Nachtigallstraße 35
58452 Witten

Eine der ersten und größten Tiefbauzechen an der Ruhr – man trieb nicht mehr Stollen seitwärts in den Berg, um Kohle abzubauen, sondern ging senkrecht in die Erde. Durch die Erfindung der Dampfmaschine konnte das Grundwasser abgepumpt werden.

Di-So 10-18 Uhr (mehrmals tägl. Führungen im Besucherbergwerk)
2-4 Euro, Kinder 6-17 J. frei
Stollenführung zzgl. 1,50-3 Euro
Tel.: 02302-9366410
www.lwl-industriemuseum.de

Gruben- und Feldbahnmuseum

Gruben- und Feldbahnmuseum Zeche Theresia

Nachtigallstraße 27-33
58452 Witten

Das Museum beherbergt eine Sammlung von 90 Lokomotiven und rund 200 Waggons, die auf den Bahnhofsgleisen ausgestellt werden. Exponate in den Räumlichkeiten begleiten durch die Geschichte der Gruben- und Feldbahnen. Auf dem Gleisnetz werden an den Besichtigungsterminen Fahrten mit den Zügen durchgeführt.
April-Okt. 1. u. 3. So/Monat 11-18 Uhr, Feiertage abweichend
Museum frei, Fahrten Tagesticket 4 Euro, Kinder 6-14 J. 1,50 Euro
Kontakt über Website
www.muttenthalbahn.de

8 Burg Wetter

Burgstraße
58300 Wetter a. d. Ruhr
Ursprünglich im Mittelalter erbaute Burg. Im 18. Jh. errichtete der Industrielle Friedrich Harkort auf dem alten Burggelände seine Dampfmaschinenfabrik. Von der alten Burg ist heute noch der 26 m hohe Bergfried erhalten, von dem man einen schönen Blick auf den Harkortsee hat (frei zugänglich).

Die Burg Wetter am Harkortsee in der Stadt Wetter (Ruhr)

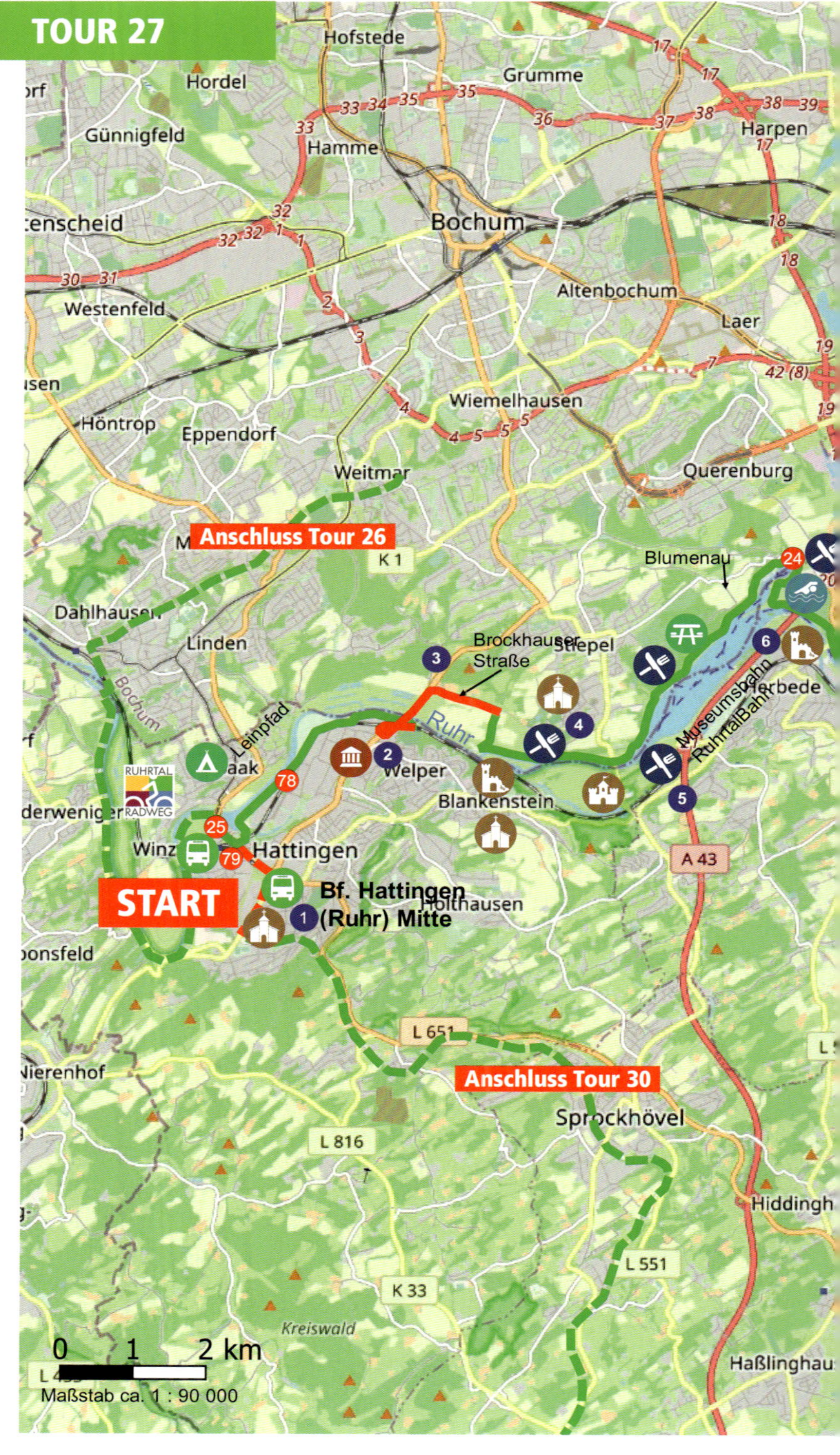
TOUR 27
Hofstede
Hordel
Grumme
Günnigfeld
Hamme
Harpen
Bochum
Westenfeld
Altenbochum
Laer
Wiemelhausen
Höntrop
Eppendorf
Weitmar
Querenburg
Anschluss Tour 26
K 1
Blumenau
Dahlhausen
Linden
Brockhauser Straße
Stiepel
Leinpfad
Ruhr
Welper
Blankenstein
Museumsbahn
RuhrtalBahn
RUHRTAL RADWEG
Hattingen
Winz
START
Bf. Hattingen (Ruhr) Mitte
Holthausen
A 43
L 651
Anschluss Tour 30
Sprockhövel
L 816
Hiddingh
L 551
K 33
Kreiswald
Haßlinghau
0 1 2 km
Maßstab ca. 1 : 90 000

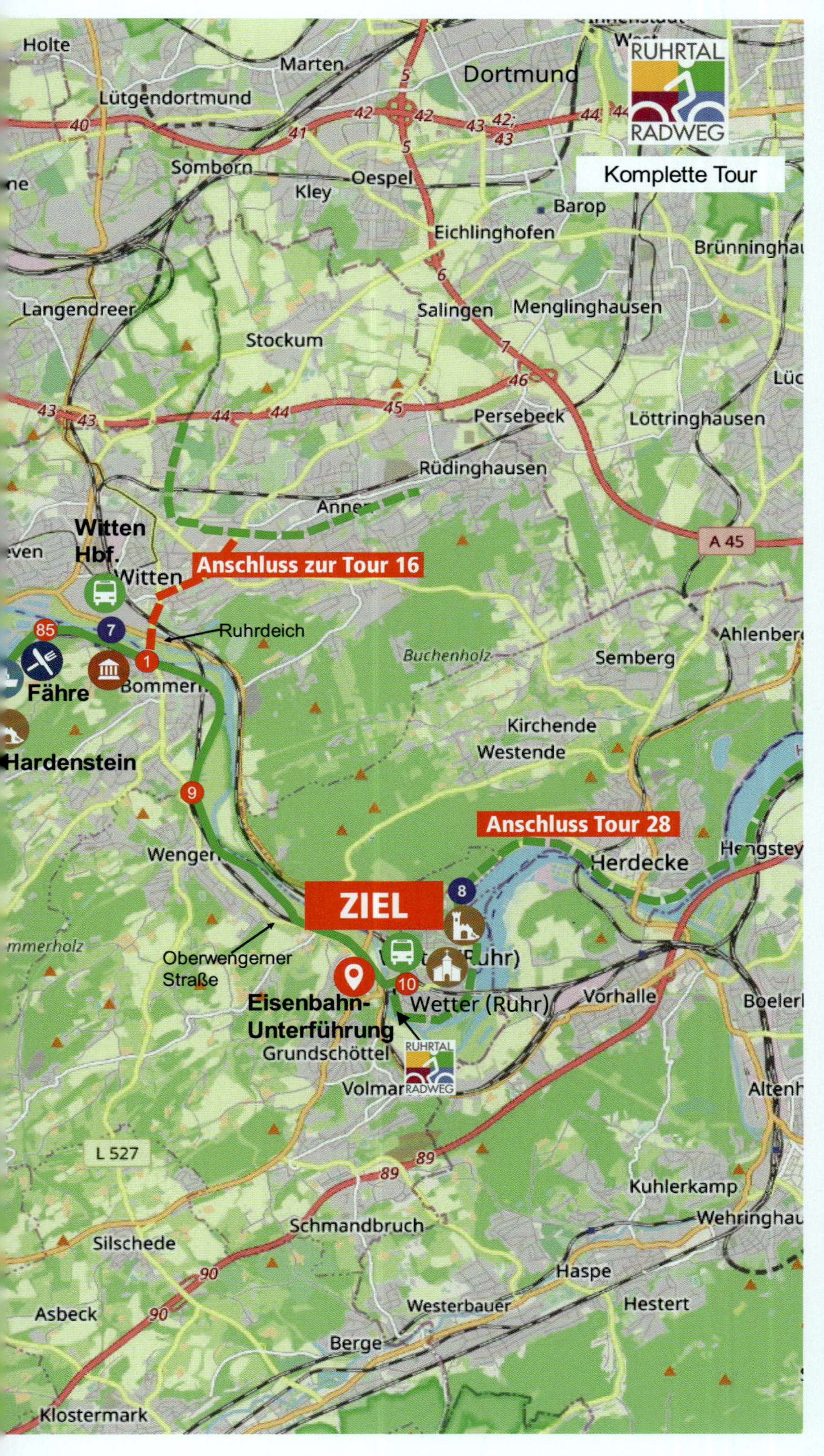

RUHRTAL RADWEG
Komplette Tour
Dortmund
Holte
Marten
Lütgendortmund
Somborn
Oespel
Kley
Barop
Eichlinghofen
Brünninghau
Langendreer
Stockum
Salingen
Menglinghausen
Persebeck
Löttringhausen
Rüdinghausen
Annen
A 45
Witten Hbf.
Witten
Anschluss zur Tour 16
Ruhrdeich
Fähre
Bommern
Buchenholz
Semberg
Ahlenberg
Hardenstein
Kirchende
Westende
Anschluss Tour 28
Wengern
Herdecke
Hengstey
ZIEL
Oberwengerner Straße
Wetter (Ruhr)
Vorhalle
Boelerh
Eisenbahn-Unterführung
Grundschöttel
Volmar
Altenh
L 527
Kuhlerkamp
Schmandbruch
Wehringhau
Silschede
Haspe
Hestert
Asbeck
Westerbauer
Berge
Klostermark

TOUR 28

23 km

leicht

VRR

Gebirge im Visier

Von Wetter (Ruhr) nach Schwerte

Die Route folgt dem RuhrtalRadweg und verläuft an der Ruhr und am Ufer von Harkortsee und Hengsteysee entlang. Beide Seen wurden um 1930 aufgestaut. Links und rechts des Flusses erhebt sich das Ardeygebirge, das immerhin bis 273 m Höhe erreicht. Die Radroute ist dennoch angenehm. Bei Schwerte öffnet sich die Landschaft, die Ruhr fließt durch flaches Land.

Burg Volmarstein in Wetter

1 Wetter an der Ruhr

Die Stadt liegt zum größten Teil im Schiefergebirge Niederbergisch-Märkisches Hügelland. Zwei Burgruinen prägen das Stadtbild: Burg Wetter (siehe auch Tour 27) und Burg Volmarstein. Beide sind frei zugänglich. In der leerstehenden Burg Wetter gründete Friedrich Harkort 1819 eine Maschinenfabrik, aus der später die DEMAG AG hervorging. Der sozial engagierte Multiunternehmer Harkort (1793–1880) ist mit Wetter so eng verbunden, dass man auch von Harkortstadt spricht. Sehenswürdigkeiten wie Harkortsee, Harkortturm und Harkortberg unterstreichen den Beinamen.

2 Freizeitzentrum Bleichstein

58313 Herdecke
Gegenüber der Einmündung der Volme entstand ein Freizeitzentrum mit Freizeitbad, vielen Sport- und Erholungsmöglichkeiten sowie Wiesenflächen und Spielplatz. Weitgehend frei zugänglich.

Freizeitbad Bleichstein
Hengsteyseestraße 26
58313 Herdecke
Sommer: Mo-Fr 13-19 Uhr,
Sa/So 10-19 Uhr
4 Euro, Kinder/Jugendl. 2 Euro
Tel.: 02330-607877

3 Koepchen Pumpspeicherkraftwerk

Im Schiffswinkel 43 (an der Staumauer)
58313 Herdecke
Industriekultur vom Feinsten. Bereits vor 70 Jahren hatte Prof. Arthur Koepchen die visionäre Idee, nachts Wasser in ein 160 m höher gelegenes Speicherbecken zu pumpen, um zu den Spitzenzeiten tagsüber Strom durch Wasserkraft zu erzeugen.
im Rahmen einer Führung
Tel.: 0231-93112233
www.industriedenkmal-stiftung.de

Haus Ruhr in Schwerte

4 Haus Ruhr

Hagener Straße 241
58239 Schwerte
Ehemalige Wasserburg aus dem 15. Jh., heutiger Sitz der Ruhrakademie, eines privaten Lehrinstituts für Kunst, Design und Medien.

5 Historische Altstadt Schwerte

Große Teile der historischen Altstadt von Schwerte mit gepflegten Fachwerkhäusern sind noch erhalten. Das kleine Ruhrtalmuseum ist im 1547 erbauten Alten Rathaus untergebracht und zeigt in einer Dauerausstellung die Geschichte der Stadt.

Die Altstadt von Schwerte mit dem Kirchturm von Sankt Viktor (oben) und das Neue Rathaus von 1914

Ruhrtalmuseum
Brückstraße 14
58239 Schwerte
Wegen Umbau geschlossen
www.schwerte.de

TOUR 28

Dortmund
Barop
Eichlinghofen
Brünninghausen
Renninghausen
Hombruch
Dortmund-Eichlinghofen
Salingen
Menglinghausen
Stockum
Kreuz Dortmund / Witten
Halde Gotthelf
155 m
Witten-Annen
Persebeck
Löttringhausen
Kruckel
Rüdinghausen
Annen
Großholthauser Mark
Kruckeler Wald
222 m
A 45
Ardeystraße
Schanze
L 625
Ahlenberg
Hohenstein
166 m
Buchenholz
Semberg
B 226
Wartenberg
246 m
Kirchende
Bf. Wittbräucke
Westerde
Kallenberg
198 m
Ender Talstraße
Arenberg
269 m
Nacken
Bf. Herdecke
Hengsteysee
Auf dem Heil
275 m
L 675
Wienberg
202 m
Hengstey
Anschluss Tour 27
Herdecke
Harkortsee
K 11
Kaiserstraße
Hengsteysee-straße
START
Wetter (Ruhr)
Kaisberg
185 m
Alt-W
Bf. Hagen Vorhalle
RUHRTAL RADWEG
Obergraben
Schöntaler Straße
Grundschöttel
B 226
Volmarstein
Boele
Schlebuscher Berg
235 m
K 6
Homberger Höhe
222 m
Postkopf
180 m
Kuhlerkamp
Roderberg
0
1
2 km
Maßstab ca. 1 : 70 000

RUHRTAL
RADWEG
Start bis Ruhrtalmuseum
ZIEL
Ruhrtalmuseum
Sport-
platz
Wasserwerk
Hagener Straße
Seestraße
B236
Anschluss Tour 29
Schwerte
Holzen
Westhofen
Villigst
Ergste
Hagen

TOUR 29

18 km

leicht

VRR

Entlang der Lenne

Von Herdecke nach Hagen-Hohenlimburg

Die Ruhr begrenzt das Bergische Land im Norden. Trotz der nahen Berge verläuft die Tour entlang der Ruhr und der Lenne (www.lenneroute.de) ohne große Steigungen.

Das Viadukt über der Ruhr im Herbst mit dem Ausflugsschiff Friedrich Harkort

1 Ruhr-Viadukt Herdecke

Seeweg
58313 Herdecke
Der Eisenbahnviadukt aus Ruhrsandstein überquert zwischen Herdecke und Hagen-Vorhalle die Ruhr. Zur Einweihung 1879 galt das Konstrukt als besondere technische Meisterleistung. Die zwölf halbkreisförmigen Bögen sind bis zu 30 m hoch. Am Viadukt beginnt der Harkortsee.

2 Herdecke

Im Bachviertel der Altstadt sind viele Fachwerkhäuser aus dem 17. Jh. erhalten. Der Ursprung der ev. Stiftskirche St. Marien reicht bis ins 9. Jh. zurück.

Der Stiftsplatz in Herdecke mit der Stiftskirche und der Heimatstube

Kaiser-Wilhelm-Denkmal auf der Hohensyburg in Dortmund

③ Kaiser-Wilhelm-Denkmal

Hohensyburgstraße
44265 Dortmund
Auf einem 240 m hoch gelegenen Plateau ragt der 34 m hohe Monumentalbau mit dem Reiterstandbild von Kaiser Wilhelm I. empor. Eingeweiht wurde es 1902. Die ursprüngliche Form – eine Dreiturmgruppe mit reichen neugotischen Verzierungen – wurde 1935 zurückgebaut.

Schloss Hohenlimburg am Abend

④ Schloss Hohenlimburg

Alter Schlossweg 30
58119 Hagen
Einzige mittelalterliche Höhenburg in Westfalen, die weitgehend im Ursprungszustand ist. Das Schlossmuseum stellt mittelalterliche Exponate aus.
nur während öffentlicher Führungen:
Fr 20 Uhr, So 15 u. 16 Uhr
7-7,50 Euro, Kinder ab 6 J. 5 Euro
Tel.: 02334-2771
www.schloss-hohenlimburg.de

TOUR 29

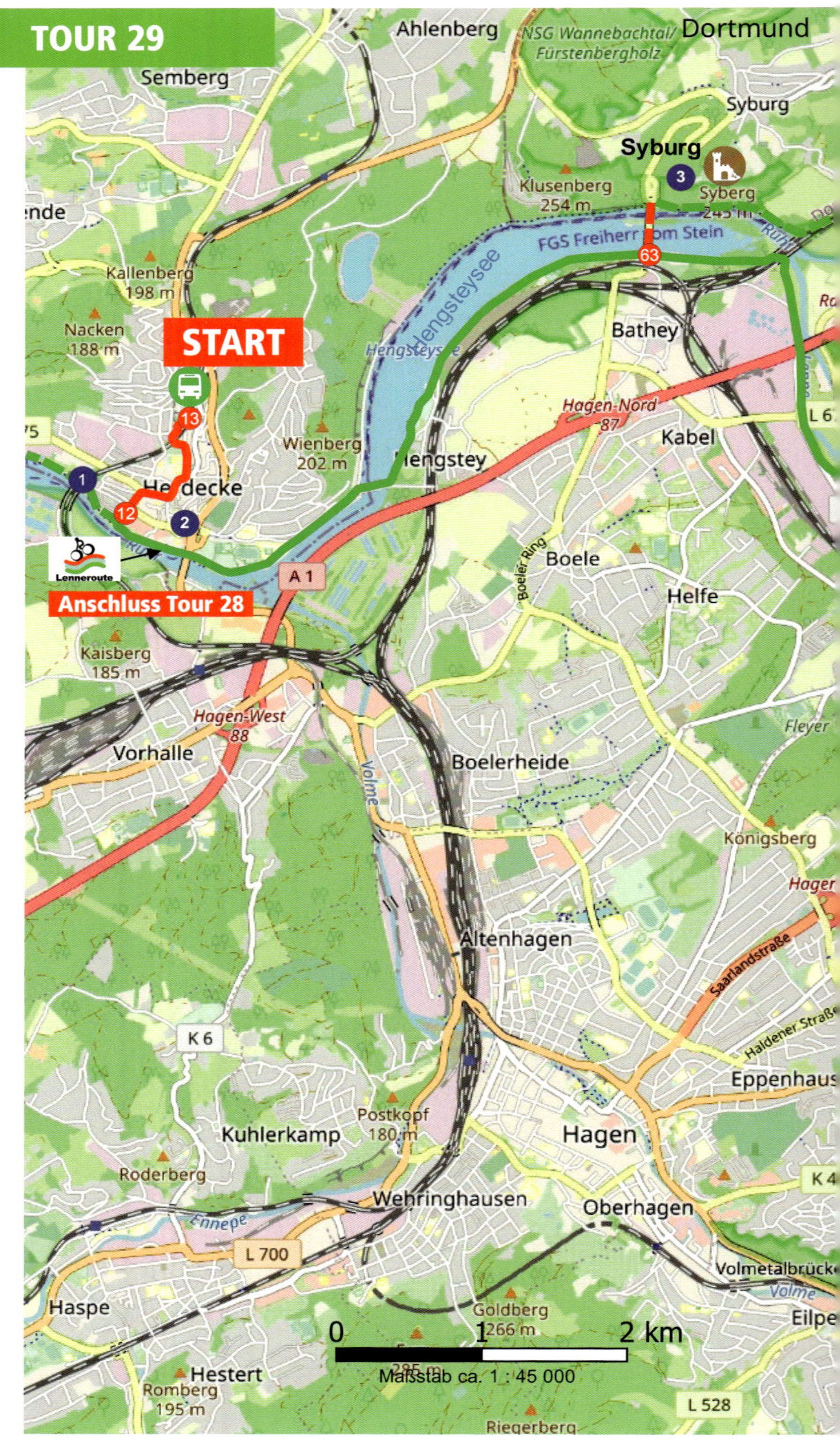

Ahlenberg
NSG Wannebachtal/ Fürstenbergholz
Dortmund
Semberg
Syburg
Syburg
Klusenberg 254 m
Syberg 245 m
FGS Freiherr vom Stein
Kallenberg 198 m
Nacken 188 m
START
Hengsteysee
Bathey
Hagen-Nord 87
Kabel
Wienberg 202 m
Hengstey
Boele
Boeler Ring
Helfe
Lenneroute
Anschluss Tour 28
A 1
Kaisberg 185 m
Hagen-West 88
Vorhalle
Volme
Boelerheide
Fleyer
Königsberg
Altenhagen
Saarlandstraße
Haldener Straße
K 6
Postkopf 180 m
Kuhlerkamp
Hagen
Roderberg
Wehringhausen
Oberhagen
Ennepe
L 700
Volmetalbrück
Haspe
Goldberg 266 m
Eilpe
0 1 2 km
Maßstab ca. 1 : 45 000
Hestert
Romberg 195 m
L 528
Riegerberg

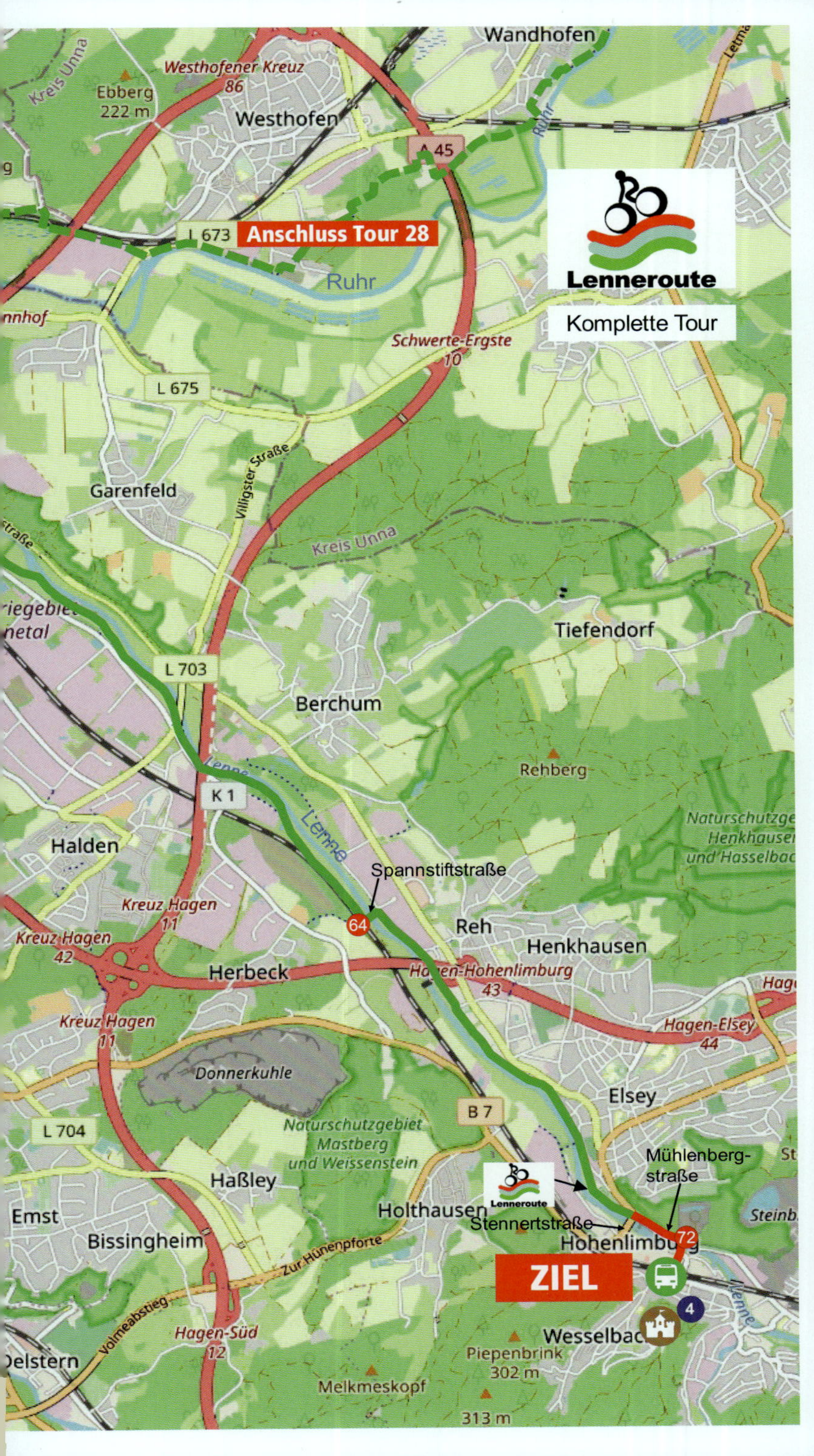
Wandhofen
Westhofener Kreuz 86
Ebberg 222 m
Kreis Unna
Westhofen
A 45
Ruhr
L 673
Anschluss Tour 28
Ruhr
Lenneroute
Komplette Tour
Schwerte-Ergste 10
L 675
Garenfeld
Villigster Straße
Kreis Unna
Tiefendorf
L 703
Berchum
Rehberg
K 1
Lenne
Naturschutzgebiet Henkhauser und Hasselbachtal
Halden
Spannstiftstraße
Kreuz Hagen 11
64
Reh
Henkhausen
Kreuz Hagen 42
Herbeck
Hagen-Hohenlimburg 43
Kreuz Hagen 11
Hagen-Elsey 44
Donnerkuhle
Elsey
B 7
L 704
Naturschutzgebiet Mastberg und Weissenstein
Mühlenberg-straße
Haßley
Lenneroute
Emst
Holthausen
Stennertstraße
Hohenlimburg
72
Bissingheim
Zur Hünenpforte
ZIEL
4
Volmeabstieg
Hagen-Süd 12
Wesselbach
Piepenbrink 302 m
Delstern
Melkmeskopf
313 m

TOUR 30

25 km

leicht*

VRR

Bergische Tour ohne Berge

Von Hattingen-Mitte nach Wuppertal-Langerfeld

Von Hattingen aus geht es 160 m hoch ins Bergische Land. Die Route führt über eine alte Bahntrasse, die als eine der schönsten in NRW gilt. Seit der Eröffnung des 195 m langen Schulenbergtunnels für Radfahrer (2008) kann eine bisher sehr anstrengende Steigung in Hattingen ausgespart werden. Die Route durch das Bergische Land begeistert mit einer geringen Steigung von maximal 2 % – eher untypisch für dieses Gebiet. Die ausgebaute Trasse ist Teil des Projekts „Panorama-Radwege" (www.panorama-radwege.de).

1 Hattingen

Auch „Rothenburg des Ruhrgebiets" genannt. Viele Fachwerkhäuser, Teile der alten Stadtmauer nebst Wehrtürmen schmücken die Altstadt. Der schiefe Turm der zentral gelegenen St.-Georgs-Kirche ist das Wahrzeichen der Stadt und Mitglied im Verein der gedrehten Spitztürme Europas. Mehr zu Hattingen finden Sie in Tour 27.

Der Malakowturm der ehemaligen Zeche Alte Haase in Sprockhövel

2 Malakow-Turm

Hattinger Straße
45549 Sprockhövel
Der burgähnliche Turm der ehemaligen Zeche Alte Haase hält die Erinnerung an mehr als vier Jahrhunderte Bergbaugeschichte in Sprockhövel wach. Er wurde vor ca. 100 Jahren erbaut.

3 Alter Bahnhof Schee

Eisenbahnstraße 7-11
45549 Sprockhövel-Gennebeck
Das denkmalgeschützte schieferverkleidete Bahnhofsgebäude von 1886 befindet sich an der 1979 stillgelegten Bahnstrecke Wichlinghausen–Hattingen. Über diese Eisenbahnstrecke wurde auch die Zeche Alte Haase bedient. Das Gebäude wurde in den 1980er Jahren zu einem privaten Wohnhaus umfunktioniert.

Nach der Überquerung einer vierspurigen Hauptstraße verlässt man nach ca. 200 m links die Bahntrasse (Windhukstraße). Über einen parallel verlaufenden Seitenweg gelangt man zurück zur Hauptstraße, die direkt nach 400 m zum S-Bahnhof Langerfeld führt.

Bereits ab Bahnhof Schee beginnt die Nordbahntrasse, die über eine alte Bahn-

Das Bügeleisenhaus in der Hattinger Altstadt

trasse meist kreuzungsfrei quer durch Wuppertal bis zum westlichsten Bahnhof Vohwinkel (weitere 16 km) führt. Sie können also auch den Weg zum Bahnhof Langerfeld aussparen und direkt auf ausgebauten Radwegen weiterradeln.

Die Nordbahntrasse, eine ehemalige Bahntrasse in Wuppertal-Oberbarmen

4 Nordbahntrasse/Jackstädtweg

Wuppertal galt nicht gerade als fahrradfreundliche Stadt. Mit der fast kreuzungsfreien und ebenen Nordbahntrasse hat sich das geändert. Seit 2006 engagiert sich die Bürgerinitiative Wuppertalbewegung e. V. dafür, die stillgelegten Strecken der Rheinischen Eisenbahn und Kohlenbahn in einen Rad-, Skate- und Wanderweg umzugestalten. Mit Fördergeldern des Landes NRW und der EU, Spenden in Höhe von drei Millionen Euro sowie unzähligen ehrenamtlichen Arbeitsstunden konnte das beispielhafte – und nun ausgezeichnete – Projekt in neun Jahren realisiert und die Strecke am 19. Dezember 2014 offiziell eröffnet werden.

Über 23 km zieht sich der komfortable Weg vom Tunnel Schee in Sprockhövel bis nach Wuppertal-Vohwinkel. Im 19. Jh. wurde die Trasse mit großem Aufwand durch Berge und Täler hinweg gebaut. Allein im Wuppertaler Stadtgebiet gibt es sechs Tunnel, 23 Brücken und vier Viadukte. Entlang der Strecke befinden sich Rastplätze und Sehenswürdigkeiten, wie z. B. die Wuppertaler Lego-Brücke bei Kilometer 29 (von unten zu sehen).

INFO:
Weitere Infos zur Strecke, den Sehenswürdigkeiten und aktuellen Baumaßnahmen finden Sie unter (www.nordbahntrasse.de).

*Über die gesamte Länge verläuft eine Bahntrasse, deshalb nur geringe Steigungen.

Fahrradfahrer auf der Nordbahntrasse im 171 Meter langen Tunnel Engelnberg

Anschluss Tour 27
Anschluss Tour 26
Bergischer Panorama-Radweg
Hattingen bis zum Ziel
TOUR 30
START
Bf. Hattingen (Ruhr)
Martin-Luther-Str.
Bredenscheider Str.
Nierenhofer Str.
Grünstraße
Schulenberg-Tunnel
Brücke
Feuerwehr
Sprockhövel
Bf. Schee
Kuxloher Weg
Herzkamp / Gennebreck
Mollenkotten
Nordbahntrasse
Jessinghauser Str.
Kohlenstr.
ZIEL
Anschluss Band Rheinland
Wuppertal
0 1 2 km
Maßstab ca. 1 : 100 000

BILDNACHWEIS

Adobe Stock: ©Lukassek S. 39 u., ©Andrey Popov S. 144; Hans Blossey: S. 63; Imago images: /Rüdiger Wölk S. 9; Wikipedia: Bad_Karlshafen01_CC BY-SA 3.0_httpscommons.wikimedia.orgwindex.phpcurid=431761 S. 16 o., Cevennenstube_VereinDeutschesHugenotten_Museum_e.V._HansJürgen_Grigoleit_CC BY-SA 3.0 de_httpscommons.wikimedia.orgwindex.phpcurid=25097785 S. 16 u., 20140720_122302_Schloss_Burgsteinfurt,_Steinfurt_© Günter Seggebäing, CC BY-SA 3.0_CC BY-SA 3.0_httpscommons.wikimedia.orgwindex.phpcurid=350214 S. 40 o., Phoenix-West_Dortmund_ Lucas Kaufmann_CC BY-SA 4.0 S. 58, WDK_Schleuse_Datteln_Arnoldius_CC BY-SA 3.0_httpscommons.wikimedia.orgwindex.phpcurid=5673083 S. 95, Sprockhövel_Zeche_Alte_Haase_Malakowturm_02_Frank Vincentz_CC BY-SA 3.0, httpscommons.wikimedia.orgwindex.phpcurid=11858101 S 140; Stefan Ziese: S. 12, 13, 14, 15, 18, 19, 20, 21, 24, 25, 28, 29, 30, 31, 35 38, 39 o., 40 u., 42, 43, 44, 46, 47, 50, 54, 55, 59, 66, 67, 70, 71, 72, 74, 75, 78, 79, 82, 83, 86, 87, 90, 91, 94, 99, 100, 101, 104, 105, 108, 112, 113, 116, 117, 120, 121, 124, 125, 126, 127, 130, 131, 134, 135, 136, 137, 140, 141, 142

INFO

Die GPX-Daten zu den Radrouten finden Sie unter

www.klartext-verlag.de